U0839571

董晓伟 著

一个中国警官眼里的“数字学”

YIGE ZHONGGUO JINGGUAN YANLI DE SHUZIXUE

天下第一福的来历

◇悦读讲堂

刘文波

过新年，写春联，贴福字，是年年的乐事。大红的春联，红红火火，充满喜气，贴到哪里哪里亮。"福"字当头，福星高照，会带来一年的福气和运气，让人从头到尾精神抖擞，喜气洋洋。福字贴上了，新年就到了，日子就亮了。火红的福字可以说是护佑、温暖华夏儿女的护身符，如意结，如炉火，暖阳，照耀着风调雨顺的日子，将好运带在身边，传布四方。

北京人常说，到故宫沾点王气，到

数字学里看乾坤

读董晓伟的《一个中国警官眼里的"数字学"》

◇警营原创

朱思恩

在如今浩如烟海的图书中，能"拿得起"的不少，能"放不下"的却不多。而近日偶读董晓伟的《一个中国警官眼里的"数字学"》，不仅放不下，而且回味无穷。原本枯燥乏味的数字，在他笔下，竟如此妙趣横生，气象万千！

诚如这部书的序言所云："数字，原始而时尚，简单而丰富。数字里面有乾坤，若运用巧妙，可化为绝妙的文学诗篇，可变作美妙的音乐艺术，可臻至博大的理论体系。"大凡政治、文学、法律、警务等领域中的重要论述、传世典故、常用法典、经验做法等这部书都进行了归纳整理，内容贯古通今，融合中西，言之有据，言之有物，多角度、多层次地展示了数字的魅力；或予人启迪、发人深省，或借古论今、鉴以警示，或旁征博引、学以致用……而这一切均以数字提纲挈领，充分表达了作者对数字的感悟，因此本书除了服务性、趣味性和实用性之外，还兼具理论性、思辨性和史料价值。

大千世界，最简单的是数字，最复杂的也是数字。古希腊毕达哥拉斯学派认为，数是现实的基础，是决定一切事物形式和实质的根据，是世界的法则和关系——"万物皆数"；无独有偶，与毕达哥拉斯学派几乎同时期的我国春秋时代思想家中，也出现了"万物皆数"的概念。老子认为："道生一，一生二，二生三，三生万物"；《周易》云："参伍以变，错综其数，通其变，遂成天地之文，极其数，遂定天下之象。"

刨去以上论述的唯心成分，"万物皆数"本质上就是一种历史的总结。

运用之妙，存乎一心。用古老的数字编注现代人的思想并不难，统领一部书的内容更是古已有之。然而，在当今林林总总的出版物中，既以数字化名之，又兼具文学诗篇之可读性、理论书籍之可考性的实在寥寥无多，而能让人若有所思乃至手不释卷的几如沧海一粟。

一部好的出版物必须有鲜明的个性特点。

这部书的数字里有探究的毅力。作者董晓伟自幼喜欢看书、喜欢记笔记。上世纪80年代，他在解放军后勤学院求学时，学会了速记。上课时用速记记下老师讲课的内容，课后对照教材，将笔记重新整理一遍，要点逐一列出，并经过比较思考，用数字加以归纳，力求找出规律性的东西。任浙江省公安厅纪委书记和副厅长以来，董晓伟的"数字化探究"的癖好不以新岗位而浅尝辄止，他在温故而知新的过程中发现，数字在开展工作、解决问题中具有独特的作用：它能化繁为简、提纲挈领，它能增强记忆、提高效率，它能梳理条理，归纳提炼。他将这些发现很独特地形诸本书的体例之中，使其具有系统化的严谨。

这部书的数字里有累积的功力。作者从早年在某集团军当参谋起，就逐渐养成一个良好的习惯，身边随时带着一个本子、几张卡片，外出开会、下基层，随时记录一点什么。或疑难问题，或千虑一得，古语云："积少成多"、"集腋成裘"、"聚沙成塔"讲的都是这样一个意思。董晓伟不是有闻必录，而是善于挑选鉴别，如海边大浪淘一粒金沙，如工蜂含英咀华采一点蜜，如画者描摹山水抹一笔彩霞……这部书的原始积累、来自董晓伟同志多年积累的数千张卡片，初次收录千余条，几经删压，定稿凡503条，得以付梓，当属厚积薄发，瓜熟蒂落。

这部书的数字里有朴实的亲和力。董晓伟对数字的痴迷与老一辈革命家妙用数字的经典有很大关系。如毛泽东提出的"游击战十六字诀"、邓小平的"一个中心两个基本点"等等。它们有的成为我党理论宝库中的璀璨明珠，有的成为我们改造主客观世界的重要指南。在日常工作中经常要引用这些思想、观点，但又有记忆是否有误、引用是否准确之虞。编撰这部书，目的就是给大家提供一些借鉴和参考。编录时以数字大小为序，为便于读者查阅，又按内容分类为党的建设、思想政治工作、领导科学、警务建设、廉政勤政、法制、刑事、治安、消防、网络安全、禁毒、监管、交通安全、出入境和边防、外国警学等15项检索目录。一些不常见的条目，如"狱中八条"、"乾陵三火"还作了简要注释。

这部书的数字里有学术的融合力。书是知识的载体，是学术涵养的一种物化。党员领导干部的学养从学习中来，从实践中来，从"吾日三省吾身"中来。董晓伟的学习涉猎广泛，实践丰富多彩，在学习和实践的过程中，他觉得，许多理论精髓、政策法规、方法观点、人生哲理、战略战术用数字加以概括提炼，易记易懂，甚至出神入化。从本书的内容看，董晓伟从警官的视角出发，将其几十年所记、所闻、所思、所得熔合一炉，不再限于警察工作岗位的内容，贯通多个学科领域，不但对广大警务人员大有裨益，也对在校学生、其他机关企事业工作人员都有很好的借鉴意义。而对于渴望加强学习能力、提高工作艺术的党政领导干部，尤其具有广泛的借鉴作用。

我们正面临全球化、多元化的挑战，公安保卫任务日趋繁重。应对挑战，需要勇敢，更需要智慧。数字化警务已经开启了一种化繁为简的模式，而由于作者的"胸中有数"，《一个中国警官眼里的"数字学"》面世后，当有不计其数的读者。

《人民公安报》2012年1月13日朱思恩关于本书的书评

序 FOREWORD

●吴重生

数字，原始而时尚，简单而丰富。数字里面有乾坤，若运用巧妙，可化为妙绝的文学诗篇，可变作美妙的音乐艺术，可臻至博大的理论体系。

在我们的工作、学习、生活中，善于用数字归纳可以使学习更富成效，善于用数字梳理可以使工作有条不紊，善于用数字总结可以使经验更加鲜活。

捧读浙江省公安厅副厅长董晓伟先生这本厚厚的《一个中国警官眼里的数字学》，心中十分感慨！

有一句俗话说得好，“浓缩的就是精华”。同样，经过反复提炼、实践检验的总是精萃。董晓伟同志积三十余年笔记之功，不辞辛劳地从数千条学习工作心得中筛选出五百余条编著成书，对于渴望学会学习、学会工作的人具有非常好的指导意义。

本书不是简单地对数字条目进行排列，而是一个集数字大成之作，它把政治、文学、法律、警务等领域中与数字有关的重要论述、传世典故、常用法典、经验做法等进行提纲挈领、归纳整理。内容贯通古今、融合中西，言之有据、言之有物，多角度、多层次地展示了数字的魅力，表达了作者对数字的喜爱和感悟，颇有创意。

本书精选的许多内容和观点，或立意高雅、倡导正气，或予人启迪、发人深思，或借古论今、鉴以警示，或经验之谈、学以致用，且涉猎广泛、重点突出，具有较强的阅读性和借鉴价值。

身为公安厅副厅长，工作繁忙可想而知，然而在繁忙的工作之余，酷爱写作和思考的董晓伟，用自己的勤勉和坚韧，告诉我们：千头万绪，有条不紊；学富五车，一轮可载；工作原来可以做得更轻松，学习原来可以更有成效！

这是一本不可多得的好书：你可以把它当成消遣读物，放于枕边；也可以把它当作工具书置于案头。其成果得益于六个方面：

一是得益于积累。古人说，一丝而累，以至于寸，累寸不已，遂成丈匹。董晓伟先生是个有心人，在勤做笔记的同时，他发现数字在实施工作、解决问题过程中的特殊作用：它能为化繁为简，提纲挈领；它能增强记忆，提高效率；它能梳展条理，归纳提炼。于是乎，董晓伟开始关注数字，结缘数字，他不但用工作笔记来记录数字，还用小纸条、小卡片来“学习”数字。

二是得益于癖好。俗话说：“花不可以无蝶，山不可以无泉，石不可以无苔，人不可无癖好。”董晓伟不但在指导下属单位的工作实践时，用数字提出具体而清晰的要求，而且经常念叨数字，是一个名副其实的数字迷。他以收集与数字相关的资料为乐，经年累月，终成“数字专家”。这一健康、独特的爱好，伴随着他的戎马生涯和警务实践。

三是得益于实践。因为工作的关系，董晓伟养成了记笔记的好习惯。他记笔记，绝对不是有闻必录，而是在记下所见所闻的同时，记下所思所想。很多人记笔记，是为了完成工作任务，甚或是为了装装样子，但董晓伟却是为了学习和提高。因为勤于记笔记，使得他在指导工作实践时能够驾轻就熟，数字、事例，信手拈来，旁征博引。一些与董晓伟有过工作接触的同志感慨：“董厅长讲话言之有据，言之有物，言之有理，使人印象深刻。”

四是得益于谋事而后定。古人说，凡事预则立，不预则废。董晓伟家里有“两多”：书多，笔记本多。工作之余，他最大的爱好就是读书、记笔记。他的笔记，从内容来看，大多跟公安工作有关；从记录的形式来看，大多跟数字有关。可以说，他是几十年如一日地在实施着一个浩大的、在旁人看来也许是枯燥乏味的工程。他一以贯之，乐此不疲。

五是得益于学养。书是知识的载体，是学术涵养的一种物化。党员干部的学养从哪里来？从学习中来，从实践中来，从“吾日三省吾身”中来。董晓伟早年从军，就有“军营才子”之称。他酷爱学习，文武兼修。因为学有所成，思有所得，故行诸于文字。

六是得益于独特视角。思路决定出路。这句适用于任何人，也适用于任何事。就像写文章，假如角度选得不好，笼而统之，泛泛而谈，即使你字字珠玑，也绝对不会是一篇好文章。相反，视角独特，言人之所未言，则，即使文采一般，仍不失为一篇好文章。从书名就可以看出，这本书选择从一个中国警官的视角来看“数字”。这些“数字”理所当然跟公安工作有关。在董晓伟的笔下，原本枯燥乏味的数字，一个个都立了起来，走了出来，甚至跳起舞来：数字中有故事，数字中有学问，数字中有哲理，数字中有人间冷暖。

从这本书的内容来看，作者平时广益多师，所学庞杂。这本书不但对广大警务人员大有裨益，而且对于在校学生，以及其他机关企事业工作人员，也有很好的借鉴和指导作用。总之，这本书对于一切渴望学会学习、学会工作的人，对于党政领导干部都有非常好的指导意义。

我和董晓伟同志相交相知多年，深知他是一个为人正直、酷爱学习的人。他自我要求很严，一些不必要的应酬，能推则推。把大量的业余时间都花在了读书、做笔记上。他的身上既有人民警官的英雄气，也有饱学之士的书卷气；杖剑走天涯是他，灯下敲棋子也是他；一个光明磊落而又不失儒雅的人。这是一位领导干部非常可贵的内在品质。

窃以为，除了服务性、指导性和实用性之外，这本书还兼具理论性、思辨性和史料价值。

古人说，开卷有益。谓予不信，开卷可知也。

（作者系中国新闻出版报社长三角采编管理中心主任、浙江传媒学院新闻与传播学院副院长）

CONTENTS

目录

贰

肆

伍

陆

柒

捌

拾壹以上

内容检索目录

0—1　零懈怠

2010年2月，时任浙江省委常委、政法委书记、公安厅长的王辉忠，在浙江省世博安保领导小组第二次会议上首次提出“零懈怠”理念。其要旨是：公安机关要始终保持饱满的工作热情和积极进取精神，对犯罪活动坚持露头就打，在第一时间修复第一块“破窗”。“让老百姓有安全感，就要让犯罪分子没有安全感。”同时要最大限度加强和改善公安机关的服务职能，对人民群众急需急盼的事，要积极创造条件，简化手续、服务民众、赢得民心、获得信任，为构建和谐警民关系创造条件。

0—2　零容忍

“零容忍”理念是一种警务策略，它主张采取主动进攻态势，对轻微犯罪（特别是破坏公共秩序犯罪）采取强有力的执法措施，预防其成为更为严重的犯罪，并最终促使犯罪率下降的一种警务运作方式。它主张防患于未然，决不姑息任何轻微犯罪和社会失序行为。其源于1982年美国政治学家詹姆斯·威尔逊和犯罪学家乔治·凯琳提出的“破窗理论”。1993年，纽约市警察开始实行“零容忍”政策。2005年，浙江省杭州市公安局学习借鉴纽约经验，提出并尝试打击犯罪“零容忍”政策。

0—3　零距离

警务工作“零距离”理念是新形势下公安机关做好群众工作、密切警民关系，进而构建和谐社会的一项警务策略。近几年各地通过“爱民大走访”、“民警驻村联户”、“网格化管理、组团式服务”、“警民恳谈”、“开门评警”等形式，与人民群众面对面交流、点对点帮扶、心与心沟通，零距离接触、服务群众，在维护群众利益中树立公信，在帮助群众解决困难中赢得支持，在警民良性互动中促进和谐。这是新形势下做好群众工作的有效之举，彰显了“人民公安为人民”的宗旨意识，彰显了党在基层执政理念、执政方式的创新。

0—4　零违纪

“零违纪”是公安队伍建设的一种组织愿景。2007年，某市公安局在全局开展“零违纪”活动中取得一定成效，但这一活动也出现了一些偏差，有的单位为了实现“零违纪”而掩盖问题，甚至对有些违纪行为人采取辞退、限期调离等方式规避处罚，影响了执法执纪的严肃性。一般来说，“零违纪”对一个基层小单位来说，经过努力是可以做到的，但对一个局来说，是不切实际的。“零违纪”应是事后客观情况的反映，不宜作为事先设定的一个目标，因为这样很容易为实现这个目标而掩饰单位的矛盾和问题，是不可持续的。与零投诉、零差错、零事故等不切实际的目标相似，有哗众取宠之嫌。

0—5 零口供

口供作为一种法定的证据形式，在我国被称为“证据之王”，对证明案件事实具有独特的证据价值。在相当长时期的司法实践中，办案人员曾存在轻信口供的错误证据观，甚至为追求口供而采取刑讯逼供等非法手段。2000年10月，辽宁省抚顺市顺城区人民检察院推出了三易其稿的《主诉检察官办案“零口供”规则》，在司法界引起震动。它的最大意义在于唤醒人们的权利意识，尊重犯罪嫌疑人说话的自由，弱化口供作用，避免口供对公诉人的误导，促使侦查人员注重证据收集，有效遏制刑讯逼供，保证案件的真实性。“零口供”以保障被告人基本人权为前提和基础，是成熟法治社会对刑事诉讼应有的价值取向。

1—6　第一要务

党要承担起推动中国社会建设的历史责任，必须始终紧紧抓住经济发展这个执政兴国的第一要务。

——江泽民《全面建设小康社会 开创中国特色社会主义事业新局面》（2002年11月8日在中国共产党第十六次全国代表大会上的报告）

1—7　一个中心两个基本点

一、一个中心：以经济建设为中心。

二、两个基本点：坚持四项基本原则，坚持改革开放。

注：1987年中国共产党第十三次全国代表大会提出。这是党的基本路线的核心内容。

1—8 一票否决制

一票否决制体现的是全体一致的原则。指的是只要有一人投了反对票，无论赞成票多少，这项决策（决议）就不能通过。管理学中的一票否决原则指的是政府部门或者企业，在规定的多项任务中，有任意一项或者特定某一项没有完成，则评估为不合格。

1—9 第一次警务革命

第一次警务革命以1829年伦敦大都市警察机构建立为标志。18世纪末，西方国家工业化与城市化产生了严重的阶级对抗，犯罪增多、治安混乱。英国内政大臣罗伯特·比尔提出建立现代职业警察，并制定了新警察的12条原则，获国会通过。西方公认的世界上最早的正式警察——职业制服警察从此诞生。它完全从司法中分离出来，与军队相脱离，成为一支专职的非武装力量，使之成为新旧警察的分水岭，使得警察以一种新的职业形态展现出来。

1—10 110接处警

20世纪80年代中期，广州市公安局为适应社会治安状况需要，提高公安机关快速反应能力，方便群众报警、求助和投诉，拓宽原为盗（匪）警电话110的服务范围，于1986年1月10日正式开展110报警服务工作，全天24小时受理公众电话报警、求助和投诉。尔后全国县（市、区）、市级公安机关陆续开通了110报警服务台，“漳州110”将其发扬光大。2003年5月6日，公安部正式下发了《110接处警工作规范》。

1—11　中国近代第一支警察队伍

中国近代警察发轫于1898年戊戌变法，黄遵宪在时任湖南巡抚陈宝箴的支持下，“略参西国之制”，“去民害，为民生，检非违，索罪犯”，创办了湖南保卫局。这是中国近代第一个警察机关。此后，1901年袁世凯建巡警军，1902年在保定试办巡警并办警察学堂，组建维护天津秩序的警察部队。1905年清朝廷建巡警部。

1—12　道高一尺，魔高一丈

原为佛语。“道”指修行达到一定阶段，“魔”指破坏善行的恶鬼或内心迷障。原意是告诫修行者警惕外界诱惑，谓正气难以修得，而邪气易高过正气。后常比喻一事物兴起，又一事物超越其上，一方力量超过与之敌对的另一方。

——吴承恩《西游记》第五十回：“道高一尺魔高丈，性乱情昏错认家。可恨法身无坐位，当时行动念头差。”

1—13　一条鞭法

明万历初，宰相张居正为革除弊政，大力推行“一条鞭”法。实行赋役合一，量地计丁，按亩征收银两，所需力役，由官府佥募，付给工食费用，户丁只要出钱就可以免除力役。“一条鞭”法，简化了征收手续、减少了官吏舞弊机会，改变了赋役不均弊病，一定程度上减轻了人民负担，在当时具有进步意义。

——《中国文史百科》，浙江人民出版社1998年版

1—14　一个不杀、大部不捉

1940年延安整风审干时，针对内部肃反扩大化的倾向，党中央提出的内部肃反原则。1955年内部肃反又重申了这一原则。对内部肃反运动中查出来的历史反革命分子、坏分子和反革命嫌疑分子实行“一个不杀、大部不捉”，是一个严肃、慎重的原则。

——《中国公安百科全书》，吉林人民出版社1989年版

1—15　中国第一部成文刑法典

公元前402年，魏国李悝主持制定的《法经》，是我国历史上第一部成文刑法典。《法经》是一部以严刑峻法巩固封建经济、政治制度，维护封建统治秩序的法典，是秦汉以后至明清历代封建王朝法典的蓝本。在中国刑法史上具有奠基的地位，是中国刑法学的宝贵历史遗产。

——《中国文史百科》，浙江人民出版社1998年版

1—16　一罪

行为人实施一个犯罪行为或数个具有内在联系的犯罪行为，而具备一个独立的犯罪构成。通常指行为人具有一个犯意，实施一个犯罪行为，或每个行为在单独分析时都能分别构成一罪，而这几个行为加在一起属于一个统一的犯罪构成的，则应当作一罪。

——《中国公安百科全书》，吉林人民出版社1989年版

1—17　第一现场

一起犯罪案件有两个以上现场，首次进行犯罪行为的地方叫第一现

场。如室内杀人、移尸野外的杀人案件，室内杀人的地方就是第一现场。

——《简明公安词典》，群众出版社1989年版

1－18 第一次讯问

侦查人员对被拘留、逮捕的犯罪嫌疑人的第一次审讯，要求在24小时内进行。第一次审讯对案件审理具有重要意义，是突破案件的良好时机，也能及时发现冤错案件。

——《中国公安百科全书》，吉林人民出版社1989年版

1－19 大唐第一神探

唐朝大臣狄仁杰，曾任州都督府法曹参军、州刺史、都督等职，神功元年(公元697年)任河北道行军之州安抚大使，率军抵御突厥进攻。武则天当政时，入为内吏。狄仁杰以刚正不阿、不畏权势和善断大案、奇案著称，后世称其为“大唐第一神探”。《狄公案》描述其断案奇才，似有艺术夸大之嫌，但综合史料记载，狄仁杰不畏强暴、秉公断案，是值得后人赞颂的。

1－20 台湾户籍管理“一种户”

台湾当局警察机关对所谓顾虑性户口的分类中，治安顾虑性最大的户。曾犯杀人罪，强盗罪，抢夺罪，放火罪，性侵害罪，恐吓取财罪，掳人勒赎罪，制造、运输、贩卖、持有枪炮弹药罪，毒品罪等12种罪，在刑期执行完毕、感训处分执行完毕、流氓辅导期满或假释出狱后三年内，列入查察对象“一种户”。并在其户长目录查察类别栏内，加盖“一”字戳以资识别。另台湾对侨居国外人民，居住香港、澳门及大陆地区人民，以

及入境居（停）留者亦按“一种户”列入查察对象。

——《简明公安词典》，群众出版社1989年版

1—21 中国消防第一书

公元1906年（清光绪三十二年）1月，上海商务印书馆出版了我国第一部消防专著《消防警察全书》，作者为杜鸿寅，系清政府派往日本留学者。其学成回国后，根据日本专家讲授的教材和所得资料整理编撰而成。此书一出版即受各方好评，被称为“中国消防第一书”。

——《中国消防通史》，群众出版社2002年版

1—22 中国第一支警察消防队

公元1902年（清光绪二十八年）8月，直隶总督袁世凯代表清政府接管天津都统衙门，结束了列强在天津的军事殖民统治，建立了巡警总局，将原有的“救火会”改为“巡警总局消防队”。这是中国历史上第一次出现“消防队”的名称，也是第一支警察消防队。

——《中国消防通史》，群众出版社2002年版

1—23 第一出动

消防队在火警中首次调集出动的灭火行动。其通常由辖区消防力量为主组成，其战术原则是集中优势力量，把火灾控制、消灭在初始阶段。

——《中国公安百科全书》，吉林人民出版社1989年版

1—24　楚人一炬，可怜焦土

公元前206年，项羽率兵攻入关中咸阳，杀了秦王子婴，抢走秦宫财宝，最后放一把火，把秦王朝经营了近一个半世纪的包括阿房宫在内的所有宫殿统统烧光。熊熊大火，三月不绝，为中国历史上最为惨重的火灾之一。杜牧在《阿房宫赋》中用"楚人一炬，可怜焦土"作了总结。

——《中国消防通史》，群众出版社2002年版

1—25　中国第一封电子邮件

1987年9月20日20时55分，位于北京中关村的中国兵器工业计算机应用研究所，向德国卡尔斯鲁厄大学发出了中国第一封电子邮件。内容为："越过长城、走向世界"。

2—26 党的建设两大历史性课题

一、不断提高党的领导水平和执政水平；

二、不断提高拒腐防变和抵御风险的能力。

——江泽民1999年7月1日《在纪念中国共产党成立78周年座谈会上的讲话》

2—27 两次飞跃与两大理论成果

第一次飞跃的理论成果是被实践证明了的关于中国革命和建设的正确的理论原则和经验总结，它的主要创立者是毛泽东，我们党把它称为毛泽东思想；

第二次飞跃的理论成果是建设有中国特色社会主义理论，它的主要创立者是邓小平，我们党把它称为邓小平理论。

——江泽民1997年9月12日《在中国共产党第十五次全国代表大会上的报告》

2－28　两个先锋队

中国共产党是中国工人阶级的先锋队，同时又是中国人民和中华民族的先锋队。

——《中国共产党章程》，2007年12月21日党的十七大通过

2－29　两个务必

务必使同志们继续地保持谦虚谨慎、不骄不躁的作风；务必使同志们继续地保持艰苦奋斗的作风。

——毛泽东1949年3月5日《在中国共产党第七届中央委员会第二次全体会议上的讲话》

2－30　两手抓，两手都要硬

“两手抓，两手都要硬”是邓小平用唯物辩证法解决发展问题的指导思想。这种观点散见于邓小平各个时期的讲话中：

我们要有两手，一手就是坚持对外开放和对内搞活经济的政策，一手就是坚决打击经济犯罪活动。

——邓小平《坚决打击经济犯罪活动》，1992年4月10日

搞四个现代化一定要有两手，只有一手是不行的。所谓两手，即一手抓建设，一手抓法制。

——邓小平《在中央政治局常委会上的讲话》，1986年1月17日

要坚持两手抓，一手抓改革开放，一手抓打击各种犯罪活动。这两只手都要硬。

——邓小平《在武昌、深圳、珠海、上海等地的谈话要点》，1992年1月18日—2月21日

2–31 关于发展的两句名言

一、发展是硬道理；

二、不发展死路一条。

——《邓小平文选》，人民出版社1995年版

2–32 “两思”教育

2000年2月，江泽民同志在广东考察工作时提出：要在广大干部群众特别是发展较快地区的干部群众中开展“致富思源、富而思进”的教育活动。

2–33 两种学习态度

一、有的放矢的态度。“的”就是中国革命，“矢”就是马克思主义，我们中国共产党人就是要找这个“矢”，就是为了要射中国革命这个“的”。

二、实事求是的态度。“实事”就是客观存在的一切事物，“是”就是客观事物的内部联系，即规律性，“求”就是我们去研究。

——《改造我们的学习》（毛泽东1941年5月19日在延安干部会议上所作的报告）

2—34 “两个最大限度”理念

一、最大限度地增加和谐因素；

二、最大限度地减少不和谐因素。

——周永康2006年10月31日《在全国公安机关“三基”工程建设工作会议上的讲话》

2—35 领导者的两件事

领导者的责任，归结起来，主要是出主意、用干部两件事。

——毛泽东1938年10月14日发表的《中国共产党在民族战争中的地位》，《毛泽东选集》第二卷，人民出版社1991年版

2—36 公安领导干部一岗双责

一、一岗：所在职务岗位。

二、双责：既要履行抓业务的职责，又要履行抓队伍的职责。

2—37 第二次警务革命

第二次警务革命以美国警察专业化为标志。19世纪末到20世纪初，世界各国警察大部分处于初创阶段，训练不足，效率低下。美国率先开展了警察专业化运动，其核心是通过专业化摆脱地方政治对警察的控制，使警察成为一支独立、高效率的专业化队伍。第二次警务革命是新警察独立与成熟的标志。

2-38 引发腐败的两句格言

一、权力导致腐败；

二、绝对权力导致绝对腐败。

——英国剑桥大学教授阿克顿勋爵

注：阿克顿勋爵是19世纪英国知识界和政治生活中最有影响的人物之一，他是自由主义运动的重要人物，1885-1902年任剑桥大学教授，主编《剑桥近代史》。

2-39 反腐败“两把利剑”

《中国共产党党内监督条例》和修订后的《中国共产党纪律处分条例》。

2-40 收支两条线

指具有执收执罚职能的单位,根据国家法律、法规和规章收取的行政事业性收费（含政府性基金）和罚没收入，实行收入与支出两条线管理。即上述行政事业性收费和罚没收入按规定应全额上缴国库或预算外财政专户；同时，执收执罚单位需要使用资金时，由财政部门根据需要统筹安排核准后，从国库或预算外资金财政专户拨付。

2-41 第二现场

一起犯罪案件有两个以上现场，除首次进行犯罪行为的地方外，其它的犯罪现场就称为第二现场。如室内杀人、移尸野外的杀人案件，移尸野外的地方就是第二现场。

——《简明公安词典》，群众出版社1989年版

2－42 “两抢”案件

特指抢劫、抢夺两类案件。

注：“两抢”案件如飞车抢夺、持刀抢劫、入室抢劫等案件直接危及公民生命财产安全，影响群众安全感，社会危害极大，是公安机关打击的重点。

2－43 台湾户籍管理“二种户”

台湾当局警察机关对所谓顾虑性户口的分类中，治安顾虑性较次的户。列入“二种户”的对象为：所犯刑事案件已经起诉者，少年法院裁定保护处分者，毒品戒治人，自卫枪支户，委托寄售及旧货业、汽车修配保管业、当铺业、旅（宾）馆及其它供公众住宿处所、其它影响治安场所和人口，以及“一种户”查察期满改为“二种户”的。在其户长目录查察类别栏内，加盖“二”代字戳以资识别。

——《简明公安词典》，群众出版社1989年版

2－44 二仙三佛

反动会道门供奉之神。

二仙：无生老母、南极仙翁；

三佛：弥勒佛、济公、观音。

——《简明公安词典》，群众出版社1989年版

2—45 处置群体性事件“两坚持两坚决”

坚持依法办事，坚持按政策办事，坚决维护人民群众合法权益，坚决维护社会稳定。

——《以“三个代表”重要思想统领公安工作，为维护战略机遇期的社会稳定而奋斗》（周永康2003年11月20日在第二十次全国公安会议上的报告）

2—46 防范电信诈骗“二要四不要”

二要：要仔细查看来电、短信号码或网址链接；要多了解电信诈骗的手段和方式。

四不要：不要随意轻信；不要贪小失大；不要盲目回复；不要泄露信息。

——浙江省公安厅《防范网络诈骗宣传手册》

2—47 世界两大禁毒机构

一、国际麻醉品管制局（INCB）；

二、联合国毒品和犯罪问题办公室（UNODC）。

注：国际麻醉品管理局于1968年建立，是独立的国际麻醉品管制机关。其宗旨是促进联合国有关毒品公约的履行，促进各国遵守条约的有关条款，并为缔约国在此方面的努力提供帮助。总部设在奥地利维也纳。

联合国毒品和犯罪问题办公室是联合国的一个组织机构。1997年由联合国禁毒署和联合国预防犯罪中心合并而成。其主要职责是履行联合国禁毒任务和预防犯罪任务。总部设在奥地利维也纳。

2—48 双重管辖权

指的是领域管辖权和国籍管辖权。根据国家主权原则，任何一个独立的国家对其领域内的一切人(包括本国籍人和他国籍人)、物及发生的事，有权按本国法律和政策实施管辖（享有外交特权与豁免权的人，依据国与国之间签订的专门条约、协定实施管辖）；同时有权对居住他国的具有本国国籍的公民实施管辖。

——《人民警察实用知识全书》，中国人民公安大学出版社1999年版

3—49 马克思主义三个组成部分

一、马克思主义哲学；

二、马克思主义政治经济学；

三、科学社会主义。

——《列宁选集》（第二卷），人民出版社2004年版

3—50 马克思主义三个理论来源

一、德国古典哲学；

二、英国古典政治经济学；

三、法国空想社会主义。

——《列宁选集》（第二卷），人民出版社2004年版

3—51 党的三大法宝

一、统一战线；

二、武装斗争；

三、党的建设。

——《中国共产党的七十年》，中共党史出版社1991年版

3—52 党的三大作风

一、理论联系实际；

二、密切联系群众；

三、批评和自我批评。

3—53 党的"三个代表"重要思想

一、始终代表中国先进生产力的发展要求；

二、始终代表中国先进文化的前进方向；

三、始终代表中国最广大人民的根本利益。

——《中国共产党章程》，2007年10月21日中国共产党第十七次全国代表大会第二次会议通过

3—54 "三个代表"重要思想的三个基点

一、立党之本；

二、执政之基；

三、力量之源。

——江泽民《全面建设小康社会 开创中国特色社会主义事业新局

面》（2002年11月8日在中国共产党第十六次全国代表大会上的报告）

3−55 贯彻“三个代表”重要思想的三个要点

一、关键在坚持与时俱进；

二、核心在坚持党的先进性；

三、本质在坚持执政为民。

——《中国共产党章程》，2007年10月21日中国共产第十七次全国代表大会第二次会议通过

3−56 党的思想路线三要素

一、解放思想；

二、实事求是；

三、与时俱进。

3−57 三个文明建设

一、物质文明建设；

二、政治文明建设；

三、精神文明建设。

3−58 完善党的执政方式三个基本要求

一、科学执政；

二、民主执政；

三、依法执政。

3－59 党员领导干部“三讲”

1996年，党的十四届六中全会作出决定，对县处级以上领导干部进行一次以讲学习、讲政治、讲正气为主要内容的党性党风教育。这次为期3年的教育活动，发扬了延安整风运动的精神，采取自上而下，分期分批进行，党内的批评和自我批评相结合的方式，使全党同志，尤其是领导干部受到了一次深刻的党性党风教育，达到了预期的效果。

3－60 “三民”群众观

2002年12月5日，中共中央总书记胡锦涛在参观西柏坡纪念馆时强调，各级领导干部要坚持深入基层、深入群众，倾听群众呼声，关心群众疾苦，做到权为民所用，情为民所系，利为民所谋，带领群众创造自己的幸福生活。

3－61 三次分配机制

一、初次分配：按照各生产要素对国民收入贡献的大小进行的分配，主要由市场机制形成；

二、再次分配：在初次分配基础上，把国民收入中的一部分拿出来通过税收和社会保障系统进行了重新分配，主要由政府调控机制起作用；

三、第三次分配：动员社会力量，建立社会救助、民间捐赠、慈善事业、志愿者行动等多种形式的制度和机制，是社会互助对于政府调控的补充。

——中共中央宣传部理论局《七个怎么看》，人民出版社2010年版

3–62　军队“三八”作风

坚定正确的政治方向；

艰苦朴素的工作作风；

灵活机动的战略战术；

团结、紧张、严肃、活泼。

3–63　三大纪律八项注意

三大纪律：1. 一切行动听指挥；2. 不拿群众一针一线；3. 一切缴获要归公。

八项注意：1. 说话和气；2. 买卖公平；3. 借东西要还；4. 损坏东西要赔；5. 不打人骂人；6. 不损坏庄稼；7. 不调戏妇女；8. 不虐待俘虏。

——中国人民解放军总部《关于重新颁布“三大纪律、八项注意”的训令》（1947年10月）

注：“三大纪律八项注意”又称“第一军规”。1928年3月30日，毛泽东率部从井冈山到沙田，见家家店门紧闭，镇上空寂无人。原来，深受兵匪之害的百姓都躲进了深山野林。毛泽东夜不能寐。工农红军创建伊始，队伍成分复杂，纪律松弛、作风不正、偷摸行为、打骂士兵现象不时发生，引起群众不满。必须严明纪律，才能把革命军队与旧军队区别开来。毛泽东奋笔疾书，写下了著名的“三大纪律六项注意”。4月3日，毛泽东集合部队，对一些违纪现象进行了批评教育，然后板着指头，逐条逐项地向部队正式颁布三大纪律、六项注意。三大纪律是：一切行动听指挥；不拿工农一点东西；一切缴获要归公。六项注意是：上门板；捆铺草；说话和气；买卖公平；借东西要还；损坏东西要赔。军魂所在，胜利之本。军民关系改善，赢得了百姓信任和支持。此后，毛泽东对“三大

纪律，六项注意”进行了修订补充。1928年1月，进入赣南和闽西，在六项注意中增加了“洗澡避女人”、“不搜俘虏腰包”，成为“三大纪律、八项注意”。随着中国革命形势的变化，逐步发展完善为条目中的内容。1949年10月，中国人民解放军总部颁布了由毛泽东起草的《关于重新颁布〈三大纪律、八项注意的训令〉》，新中国成立后被写入“三大条令”，为军队革命化、正规化、现代化建设发挥了重要作用。铁的纪律，如同血脉，时至今日，“三大条令”几经修改，而“三大纪律八项注意”却一字未动，沿用至今，成为人民军队永恒的纪律。

3－64　思想政治工作三个不能变

一、思想政治工作在总的工作中的地位不能变；

二、各级党组织坚持不懈地抓思想政治工作的任务不能变；

三、不断提高思想政治工作的质量和水平的要求不能变。

——江泽民2000年6月28日《在中央思想政治工作会议上的讲话》

3－65　“三个没有”不行

一、没有坚定的理想信念和强大精神支柱不行；

二、没有深厚的凝聚力和丰富的创造力不行；

三、没有顽强的斗志和一致的步调不行。

——江泽民2001年1月10日《在全国宣传工作会议上的讲话》

3－66　政法工作“三个至上”原则

一、党的事业至上；

二、人民利益至上；

三、宪法法律至上。

——胡锦涛2007年12月25日《在全国政法工作会议上的讲话》

3–67 共产党员要讲“三德”

一、社会公德；

二、职业道德；

三、家庭美德。

3–68 新闻工作“三贴近”原则

2002年，胡锦涛总书记在视察《人民日报》社时提出，新闻改革要“贴近生活、贴近群众、贴近实际”。

3–69 公安工作三大历史使命

一、巩固共产党执政地位；

二、维护国家长治久安；

三、保障人民安居乐业。

——《中共中央关于加强和改进公安工作的决定》（中发［2003］13号）

3–70 公安队伍建设“三抓”原则

一、早抓：发现问题要早抓，力争解决在初始阶段；

二、真抓：动真碰硬，把问题解决到位；

三、主动抓：积极主动，立足自身解决问题。

3—71 抓基层“三力”目标

一、增强基层实力；

二、激发基层活力；

三、提高基层战斗力。

3—72 公安机关三项教育

一、全心全意为人民服务的宗旨教育；

二、实事求是的思想路线教育；

三、严格、公正、文明执法的法制教育。

注：2000年8月，公安部组织全国公安机关开展为期两年的“三项教育”活动。通过教育活动，进一步端正了各级公安机关执法为民思想，弘扬了求真务实的作风，强化了规范执法、文明执法的意识。

3—73 公安机关三项治理

一、治理刑讯逼供；

二、治理滥用枪支警械；

三、治理滥用强制措施。

3—74 公安机关三大活动

一、“大讨论”活动：2003年3月至12月，公安部组织全国公安机关集中开展“贯彻十六大、全面建小康，公安怎么办”的“大讨论”活动。通过大讨论，进一步树立了执法为民思想，坚定了服从和服务于大局的意识。

二、“大练兵”活动：2004年5月，公安部组织全国公安机关开展“大练兵”活动。广大民警通过基本知识、基本技能、基本体能、基本战术的训练，增强了政治、业务、体能素质，极大地提高了队伍整体素质和实战能力。

三、“大接访”活动：2005年5月至9月，公安部组织全国公安机关，开展集中处理群众信访问题的“大接访”活动。省市县三级公安机关敞开大门，厅局长带队面对面接待上访群众。按照“人人受到局长接待、件件得到依法处理”的要求，解决了一大批信访问题，受到社会广泛好评。

注：从2003年到2005年，公安部组织全国公安机关相继开展了“大讨论”、“大练兵”、“大接访”活动，其要旨是进一步树立执法为民思想，提高执法为民素质，检验和提高执法为民的能力和水平。“三大活动”的开展，为公安工作适应时代发展奠定了良好的基础。

3—75　群众工作“三懂四会”

一、“三懂”：懂群众心理、懂群众语言、懂沟通技巧；

二、“四会”：会化解矛盾、会调处纠纷、会主动服务、会宣传发动。

——王辉忠《公安民警“三懂四会”群众工作能力实训教程》，群众出版社，2010年版

3—76　警察三类训练

一、初任训练：新录用或调入人员的训练，合格后方能任职和授衔；

二、专业训练：根据岗位职责要求，每三年参加一次；

三、晋升训练：晋升职务或警衔所进行的训练。

——《公安机关人民警察训练条令》，2001年7月6日公安部部长办公

会议通过，2001年11月26日发布施行。

3－77　公安院校教育训练三个特性

一、强制性：强力约束、严格训练、严格管理。

二、模拟性：模拟实际工作环境、增强实际工作能力。

三、实战性：重视实战部门实习、提高一线实战能力。

——《公安教育概论》，群众出版社1997年版

3－78　三纲五常

一、三纲：君为臣纲、父为子纲、夫为妻纲；

二、五常：仁、义、礼、智、信。

——董仲舒《春秋繁露》

注：“三纲五常”是中国封建社会的基本道德原则和规范。西汉董仲舒按照他的天道：贵阳而贱阴，阳尊而阴卑理论，提出了“三纲”原理和“五常”之道。认为人伦关系中，君臣、父子、夫妻三种关系是最主要的，存在着天定、永恒、不变的主从关系。“三纲”皆取之于阴阳之道，君、父、夫是天的阳面，处于主宰和尊贵地位；而臣、子、妻是天的阴面，处于服从和卑贱地位，以此确定君权、父权、夫权的统治地位。“五常”之道则是处理君臣、父子、夫妻上下尊卑关系的基本法则。

3－79　海恩法则三条精髓

一、事故的发生是量的积累的结果；

二、一起重大事故发生后，在处理事故本身时，须及时对同类型的事故征兆和事故苗头进行排查处理，以防类似的重复发生；

三、再完善的规章，再好的技术，在实际操作层面，也无法取代人的自身素质和责任心。

注：海恩法则是德国飞机涡轮机发明者帕布斯·海恩提出的一个航空界关于飞行安全的法则。海恩法则认为：每一起严重事故的背后，必然有29次轻微事故、300起未遂先兆以及1000起事故隐患。因此要消除一起严重事故，必然要提前防控1000起事故隐患；而当隐患转变为“未遂先兆”和轻微事故时，则应倾全力堵住“致命的漏洞”，从而把事故消灭在萌芽状态，化解在初始阶段。

3－80　和谐领导班子“三个一”

一、同撑“一条船”的意识；

二、共结“一条心”的胸怀；

三、拧成“一股绳”的姿态。

3－81　领导班子“三分三合”

一、职责上分，思想上合；

二、工作上分，目标上合；

三、权限上分，力量上合。

3－82　班子团结讲“三份”

一、一起相处讲“缘份”；

二、同志之间重“情份”；

三、为人规矩守“本份”。

3－83　上下级之间讲"三气"

一、上级端正风气；

二、下级理顺心气；

三、基层鼓足士气。

3－84　党委民主生活会须防止"三多三少"

一、防止汇报工作多，思想交流少；

二、防止评功摆好多，触及思想少；

三、防止"希望""建议"多，直言批评少。

3－85　新官上任"三不搞"

一、不搞走马上任"三把火"；

二、不搞"一个将军一个令"；

三、不搞"一朝天子一朝臣"。

3－86　领导干部要重"三德"

一、讲德性：德性是个体道德活动中表现出来的优秀特征和品质，与人格密不可分。有用权为民的服务之心和淡泊名利的无私之心，不断完善德性，塑造高尚人格，应是党员干部一生永恒的追求。

二、重德行：德行是德性在工作生活中的具体表现。重德行就是要注意言行、重视形象，不流俗、不狂妄、不轻浮，有原则、讲分寸，立身行事、行为举止符合党员标准。

三、行德政：是对党员干部的特殊要求，从党的根本宗旨出发，施行有益于人民的政策措施，顺应民心、顺乎民意，以民为本、亲民爱民，做人民公仆、为人民服务。

——《求是》杂志2003年第4期

3－87 官僚主义三种表现

一、高高在上、脱离群众；

二、饱食终日、无所用心；

三、不讲科学、盲目蛮干。

3－88 形式主义三种表现

一、迎来送往、吃喝应酬；

二、文山会海；

三、哗众取宠、欺上瞒下、追名逐利。

3－89 客观世界的三大规律

一、对立统一规律；

二、质量互变规律；

三、否定之否定规律。

3－90 公安基层三队三所

一、三队：刑侦队、治安队、交警队。

二、三所：看守所、拘留所、戒毒所。

——周永康2005年12月19日《在全国公安机关电视电话会议上的讲话》

3—91 公安机关“三基工程”

一、抓基层：以基层所队为重点，从政策、制度、机制上，以及待遇、经费、装备等方面向基层倾斜。实现公安工作重心下移、保障下倾、警力下沉。

二、打基础：以人口管理、信息化应用和创新警务机制为重点，全面带动公安各项基础工作，做到社会治安状况底数清、情况明、管得严、控得住，实现对社会治安状况有效控制和防范。

三、苦练基本功：以警察应知应会的基本知识、基本技能和基本体能为重点，通过勤学苦练，使民警具备胜任岗位、履行职责、完成任务所必需的能力和素质。

注：2006年12月，公安部决定用三年时间在全国公安机关组织开展“抓基层、打基础、苦练基本功”的“三基工程”建设活动。通过“三基工程”建设，在队伍正规化、执法规范化、警务信息化、勤务实战化、保障标准化方面取得了历史性突破，为公安工作长远发展奠定了坚实基础。

3—92 公安机关“三项建设”

一、公安信息化建设；

二、执法规范化建设；

三、和谐警民关系建设。

——孟建柱《着力强化五个能力建设　全面提升维护稳定水平》，《求是》杂志2009年第12期

3—93 政法机关三项重点工作

一、社会矛盾化解；

二、社会管理创新；

三、公正廉洁执法。

3-94 110、119、122“三台合一”

为提高公安机关的整体快速反应能力，推动运转高效的公安工作机制的建立，进一步提升服务社会、服务群众的工作水平，2004年3月，公安部发出通知，将县级公安机关110（接处警）、119（火灾）、122（交通事故报警台）“三台合一”，建立一个集中、统一、权威、高效的指挥系统。三个特服号码可同时使用，群众拨打任何一个号码，均由110报警服务台集中受理，从而实现集中接警、统一指挥、分类处警、快速反应的目标。

——《公安部关于大力推进县市公安机关110、119、122“三台合一”工作的通知》（公通字［2004］17号）

3-95 信息化建设“三金”工程

一、金卡工程；

二、金盾工程；

三、金剑工程。

3-96 第三次警务革命

第三次警务革命以欧美各国警察现代化为标志。20世纪30年代至70年代，西方主要资本主义国家逐步完成了警察现代化，实现了车辆巡逻，建立了电子指挥中心、信息情报中心、控制中心和查询电子计算机的联网，各国的警察编制和预算均有巨大增长。第三次警务革命立足于使警察成为

“打击犯罪的战士”。此时的警察形象是头顶钢盔、肩别对讲机、手持盾牌、腰挎手枪的“机械战警”。其消极后果是在警力不断增加的同时，犯罪率也处于较快的上升状态，从而引发第四次警务革命。

3－97 反腐败三个阶段

一、运动反腐败阶段；

二、权力反腐败阶段；

三、制度反腐败阶段。

3－98 反腐倡廉抓“三头”

一、抓“龙头”，强化党风廉政建设责任制；

二、抓“源头”，改革和完善事权、财权、人权等管理制度，建设行政服务中心、会计核算中心、招投标中心、经济发展环境投诉中心；

三、抓“苗头”，纠正不廉洁行为和不正之风，把腐败现象遏制在萌芽状态。

3－99 查处民警违反五条禁令“三个如实”

一、有线索如实核查；

二、核查清楚如实处理；

三、处理后如实上报。

3－100 “三反”“五反”运动

三反：反贪污、反浪费、反官僚主义；

五反：反行贿、反偷税漏税、反盗窃国家资财、反偷工减料、反盗窃国家经济情报。

——《中国公安百科全书》，吉林人民出版社1989年版

注：新中国成立初期，工商业得到迅速恢复，但一些不法商人和企业主通过腐蚀、贿赂国家干部、偷税漏税、偷工减料、盗窃国家资财和经济情报牟取暴利，给抗美援朝战争、国防、经济和文化建设及社会稳定造成极大危害。据此，中央政府从1951年年底在国家工作人员中开展“三反”运动，1952年年初，在全国工商业者中开展“五反”运动，“三反”“五反”运动于1952年夏季结束。

3—101　中国公安廉政宣言“三个在上”

一、国旗在上，警察的一言一行，决不玷污金色的盾牌；

二、宪法在上，警察的一思一念，决不触犯法律的尊严；

三、人民在上，警察的一生一世，决不辜负人民的期望。

——公安部《中国公安廉政宣言》

3—102　反腐败三项工作格局

一、领导干部廉洁自律；

二、查办违纪违法案件；

三、纠正部门与行业不正之风。

——尉建行《论党风廉政建设和反腐败斗争》，中央文献出版社2009年版

3—103　中国最重要的三部诉讼法

一、《民事诉讼法》：1991年4月9日第七届全国人民代表大会第四次

会议通过，同日公布施行。

二、《刑事诉讼法》：1979年7月1日第五届全国人民代表大会第二次会议通过，1980年1月1日起施行。

三、《行政诉讼法》：1989年4月4日第七届全国人民代表大会第二次会议通过，1990年10月1日起施行。

3－104　司法鉴定三项原则

一、合法、独立、公开原则；

二、客观、科学、准确原则；

三、文明、公正、高效原则。

3－105　被告人享有的三项诉讼权利

一、防御性权利；

二、救济性权利；

三、推定性权利。

3－106　回避的三种形式

一、自行回避：案件侦查人员认为应当回避的，应自行提出回避申请。

二、申请回避：当事人及其法定代理人要求公安机关案件侦查相关人员回避的，可以提出申请回避。

三、指令回避：应当回避人员没有自行回避，当事人也没有申请他们回避的，回避决定机关应当指令他们回避。

——《公安机关执法释义》，中国人民公安大学出版社2009年版

3—107 回避的三种效力

一、被决定回避人不得再参与本案的侦查工作，这是回避的基本效力；

二、在作出回避决定前或者复议期间，被申请回避人应当继续侦查工作；

三、被决定回避人在回避决定作出以前所进行的诉讼活动的效力，由作出决定的机关决定。

——《公安机关执法释义》，中国人民公安大学出版社2009年版

3—108 公安机关三级执法责任制

一、公安领导机关；

二、执法部门；

三、岗位民警。

3—109 证据审查三要素

一、审查证据来源是否清楚、合法；

二、审查证据证明的内容是否真实可靠；

三、审查证据收集、保管的方法是否符合法定程序，证据的表现形式是否合法。

——《公安机关执法释义》，中国人民公安大学出版社2009年版

3—110 不宜听证的三类行政案件

一、涉及国家秘密的；

二、涉及商业秘密的；

三、涉及个人稳私的。

——《人民警察常用法规选编》，中国人民公安大学出版社2005年版

3—111　公安机关办理刑事案件出口的“三统一”制度

一、提请逮捕、移送起诉案件，由法制部门统一登记编号后，移送检察机关；

二、检察机关退回（退查）案件，由法制部门统一接受登记后移送办案单位处理；

三、检察机关决定不批准逮捕、不公诉案件，由法制部门统一接收登记后移交办案单位依法处理，办案单位认为需要复议复检的，制作《要求复议意见书》、《提请复检意见书》，经局领导批准，由法制部门统一登记编号后移送检察机关。

——《公安实用法律知识》，浙江省公安厅文印中心2003年

3—112　公安机关三大办案程序规范

一、《公安机关办理刑事案件程序规定》（1998年5月14日颁布）；

二、《公安机关办理行政案件程序规定》（2003年8月26日颁布）；

三、《公安机关办理行政复议案件程序规定》（2002年11月2日颁布）。

——《人民警察常用法规选编》，中国人民公安大学出版社2005年版

3—113　约法三章

一、杀人者死；

二、伤人及盗抵罪；

三、余悉去秦法。

——《辞海》，上海辞书出版社2002年版

注：公元前206年，刘邦占领秦都咸阳后，鉴于秦代苛法酷刑招致人民反抗导致败亡的教训，废除了秦朝的法律，与百姓“约法三章”：“杀人者死、伤人及盗抵罪、余悉去秦法”。这一法制措施不仅赢得了民心，为刘邦夺取最后胜利打下基础，也是封建法制建设上的一项革新措施，因此受到老百姓的欢迎与支持。

3－114　三司会审

是明代在唐代三司推事基础上形成的。在审判重大、疑难案件时，由刑部、大理寺和都察院三个中央司法机关的长官即刑部尚书、大理寺卿、左都御使会同审理，最后由皇帝裁决的制度。

注：刑部掌法律刑狱，相当于现代的公安部；大理寺相当于现代的最高法庭，秦汉为廷尉，北齐为大理寺，历代因之，掌刑狱案件审理；都察院为明清两代最高的监察、弹劾及建议机关，明洪武十五年（1382）改前代所设御史台为都察院。三司会审一般由皇帝下令，三大司法机关承命，审理结果报请皇帝批准执行。

3－115　刑法三项原则

一、罪刑法定原则；

二、法律面前人人平等原则；

三、罪刑相适应原则。

3－116 刑事强制措施三个特征

一、刑事强制措施是法律赋予的特殊职权，只有公安机关、国家安全机关、军队保卫部门、人民检察院、人民法院行使；

二、刑事强制措施只能对罪犯、犯罪嫌疑人和被告人实施，对其他公民不能使用；

三、刑事强制措施必须依法律规定程序使用。

3－117 犯罪学研究三要素

一、犯罪现象；

二、犯罪原因；

三、犯罪预防。

——《犯罪学概论》，群众出版社2003年版

3－118 确定破案的三个要素

一、犯罪事实已有证据证明；

二、有证据证明犯罪事实是犯罪嫌疑人实施的；

三、犯罪嫌疑人或者主要犯罪嫌疑人已经归案。

3－119 治安调解的三个前提条件

一、民间纠纷引起的。如公民之间、公民和单位之间在生活、工作、生产经营中产生的纠纷，朋友、邻里、同事、在校生之间因琐事引发的纠纷，行为人的侵害行为系由被害人过错行为引发的，以及其它适用调解处理更易化解矛盾的纠纷。

二、情节较轻的。

三、双方当事人同意调解的。

——《公安机关执法释义》，中国人民公安大学出版社2009年版

3－120 打击娱乐场所涉黄犯罪的“三结合”制度

一、公开检查与暗访侦查相结合；

二、属地公安检查与异地用警互查相结合；

三、定期检查与不定期抽查相结合。

——公安部治安局刘绍武于2010年12月11日的讲话

3－121 对失足卖淫女的“三保护”、“五不准”

三保护：保护失足卖淫女的健康权、保护失足卖淫女的名誉权、保护失足卖淫女的隐私权。

五不准：不准歧视、不准辱骂、不准殴打、不准游街示众、不准公开曝光等侮辱人格方式羞辱。

——公安部治安局刘绍武于2010年12月11日的讲话

3－122 打击组织强迫妇女卖淫犯罪“三不结案”

一、对组织强迫妇女卖淫的主要犯罪嫌疑人没有抓获，没有受到打击处理的，不能结案；

二、涉案娱乐场所没有被取缔、关闭，场所主要经营管理人员没有受到打击处理的，不能结案；

三、组织强迫妇女卖淫犯罪活动的后台、保护伞没有受到打击处理的，不能结案。

3－123　化解社会矛盾的“三个有利于”原则

一、有利于维护群众合法权益；
二、有利于促进经济平稳发展；
三、有利于社会和谐。

3－124　处置聚众性事件三要则

一、劝阻“围观层”；
二、分化“附和层”；
三、孤立“核心层”。

3－125　三类警械

一、驱逐性警械（如高压水枪、催泪弹等）；
二、制服性警械（如特种防暴枪、警棍等）；
三、约束性警械（如手铐、脚镣、警绳等）。

3－126　使用约束性警械三种情形

一、抓获违法犯罪分子或者犯罪重大嫌疑人的；
二、执行逮捕、拘留、看押、审问、拘传、强制传唤的；
三、法律、行政法规规定的使用警械的其它情形。

——《中华人民共和国人民警察使用警械和武器条例》，1996年1月8日国务院第四十一次常务会议通过，中华人民共和国国务院令第191号颁发。

3－127 治安管理中的“三无”人员

一、无合法证件；

二、无固定住所；

三、无正当经济来源。

——《人民警察实用知识全书》，中国人民公安大学出版社1999年版

3－128 三类居民身份证

一、一般地区居民身份证；

二、经济特区居民身份证；

三、民族自治地方居民身份证。

——《人民警察实用知识全书》，中国人民公安大学出版社1999年版

3－129 三教九流

三教：儒教、道教、佛教。

——《北史·周高祖记》

九流：儒家、道家、阴阳家、法家、名家、墨家、纵横家、杂家、农家。

——《汉书·艺文志》

注：“三教九流”本意颇为高雅，指的是宗教、学术中的各种流派。随着时间的推移，现泛指江湖上从事各种行业的人。

3－130 三曹普渡

一、上渡河汉星斗；

二、中渡人间芸芸众生；

三、下渡地府幽冥亡魂。

——《中国文史百科》，浙江人民出版社1998年版

注："三曹普渡"是一贯道的邪说之一。把神仙（河汉星斗）、凡人（芸芸众生）和鬼魂（幽冥之魂）称为"三曹"。宣称 "三朝末期"到来时，邪风吹来，万物皆无，此时"无生老母"要大发慈悲，将留在人间的九十二亿生灵以及"仙佛"和"地府"有缘亡魂超渡回"极乐世界"。借此迷惑群众，发展信徒。

3—131　世界三大宗教

一、基督教；

二、伊斯兰教；

三、佛教。

注：在经济日益发达、科技突飞猛进、文明素质普遍提高的同时，人们对宗教的热情不仅没有消逝，反而不断升温。据世界宗教组织统计，目前，全世界共有20亿人信奉基督教，11亿人信奉伊斯兰教，8.9亿人信奉印度教，3.5亿人信奉佛教。无任何宗教信仰的人不及世界总人口数的五分之一。

3—132　世界三大公敌

恐怖主义、邪教、黑社会。

——何秉松《恐怖主义邪教黑社会》，群众出版社 2001年版

3－133 处置群体性事件“三个慎用”原则

坚持慎用警力、慎用武器警械、慎用强制措施的原则。

——《以“三个代表”重要思想统领公安工作，为维护战略机遇期的社会稳定而奋斗》（周永康2003年11月20日在第二十次全国公安会议上的报告）

3－134 美国反恐三原则

一、美国不向劫持美国公民及其官员的恐怖分子让步，即实行“否定性的威慑”的反恐政策；

二、对参与或者支持国际恐怖主义的国家坚决予以打击，甚至不惜发动战争；

三、积极与友好国家开展反恐合作，组织联合反恐演习和反恐业务培训。

——2011年7月29日《北京晨报》第四版

3－135 乾陵三火

一、战火：公元784年，为反将邵宁节度使所为；

二、不慎起火：公元840年，为守陵人不慎失火；

三、盗贼焚烧：公元905年，为盗贼焚烧。

——《中国消防通史》，群众出版社2002年版

注：乾陵系盛唐所建，工程浩大，气势雄伟，堪称唐陵之冠，是唐代陵墓的代表作，但地面建筑在晚唐时三次遭火。“乾陵三火”是火灾起因的三大因素。

3－136　防火三句话

一、隐患险于明火；

二、防范胜于救灾；

三、责任重于泰山。

——江泽民1996年11月8日发表的《责任重于泰山》

3－137　中国近代灭火三法

一、窒息法：封闭起火房之门窗，使空气不流通，而酸素（氧气）不能助火，则火焰不张而自灭；

二、冷却法：有十分热度方能引燃，消灭火焰必用冷水减却其热度方可；

三、遮断法：将火射及之房屋拆断，或以青森之树叶遮覆之，使火焰不致延烧它处。

——《中国消防通史》，群众出版社2002年版

3－138　三支消防队伍

一、公安消防部队（专业队伍）；

二、专职消防队（大型企业）；

三、志愿消防队（民间组织）。

3－139　治理互联网淫秽色情信息三条对策

一、抓源头；

二、打基础；

三、切断利益链。

——刘云山2010年12月13日《在云南整治网络、手机淫秽色情信息现场会上的讲话》

3－140 应对毒品（药物滥用）三大策略

一、减少供应：严厉打击毒品犯罪，切断毒品供应渠道，从源头上减少毒品供应；

二、减少需求：通过广泛宣传教育，使人们认清毒品危害，自觉远离毒品，拒绝毒品，减少新滋生的吸毒者，萎缩毒品市场；

三、减轻危害：对已吸毒成瘾者，通过戒毒治疗、戒毒康复和社区帮教，减轻对吸毒者、家庭和社会的危害。

——《戒毒健康教育手册》，卫生部医政司2009年

3－141 毒品（药物滥用）三级预防教育

一、一级预防教育：通过大众传媒对社会和公众进行与毒品（药物滥用）相关的宣传教育，目的是提高公众对毒品免疫力，教育和引导人们不去滥用和尝试毒品。

二、二级预防教育：由专业人员对高危人群进行针对性宣传教育，进行重点干预，必要时进行早期治疗，以防止他们进一步滥用和依赖毒品。

三、三级预防教育：对已被诊断为药物依赖人员进行治疗的同时，从生理、心理、行为和社会学等方面进行疏导和心理干预。帮助他们建立信心，为回归社会创造条件。

——《戒毒健康教育手册》，卫生部医政司2009年

3—142 戒毒三阶段

一、急性脱毒期（生理脱毒）；

二、康复巩固治疗期（心理脱毒）；

三、回归社会期。

3—143 戒毒心理治疗"三个矫正"

一、对戒毒心理障碍的矫正；

二、对病态人格的矫正；

三、对毒品心理依赖的矫正。

——《监所管理执法须知》，群众出版社2003年版

3—144 三进宫

一种形象化的说法。通指犯罪人第3次（或3次以上）被依法判刑入监，此类"三进宫"人员恶习深，教育改造难度大，是监管的重点对象。

——《中国公安百科全书》，吉林人民出版社1989年版

3—145 监所管理执法三大特性

一、监所管理执法的特殊强制性；

二、监所管理执法与相关部门的配合性；

三、监所管理执法环境的相对封闭性。

——《监所管理执法须知》，群众出版社2003年版

3－146　三包一夹四固定

三包：包管理，包教育，包转化；

一夹：对重点罪犯由两个积极改造的罪犯对其进行监督帮助；

四固定：对重点罪犯，固定睡觉铺位、学习座位、队列站位、劳动岗位，不能随意变动和调离。

——《中国公安百科全书》，吉林人民出版社1989年版

注：“三包一夹四固定”是五十年代后期，监管系统对重点对象普遍采用的严管防范措施，有些至今仍有借鉴意义。

3－147　在押人员作息时间“三八制”

一、八小时睡眠；

二、八小时学习和劳动；

三、八小时安排和处理各种生活事项。其中每一天应当安排1至2小时的户外活动，每逢节假日应当增加休息和娱乐时间。

3－148　三班六房

一、三班：皂班、壮班、快班；

二、六房：吏房、户房、礼房、兵房、刑房、工房。

——吴敬梓《儒林外史》第二回：“想这新年大节，老爷衙门里，三班六房，那一位不送帖子来？”

注：“三班六房”指明清时代州县衙门中吏役的总称。三班中，皂班主管内勤，壮班和快班共同负责缉捕和警卫。六房中，吏房掌官吏的任免、考绩、升降等；户房掌土地、户口、赋税、财政等；礼房掌典礼、科举、学校等；兵房掌军政；刑房掌刑法、狱讼等；工房掌工程、营造、

屯田、水利等。县衙六房与中央六部相对应，其首领由县令指派小官吏担任，称书吏或承发吏，直接对县令负责。它既是政治的体现，也是思想文化的潮流。

3－149　交通警察处理事故“三回避”制度

一、是本案的当事人或者当事人的近亲属应当回避；

二、本人或者其近亲属与本案件有利害关系的应当回避；

三、与本案当事人有其它关系，可能影响案件公正处理的应当回避。

3－150　出入境管理“三非”行为

非法入境、非法居留、非法就业

——《公安实用法律知识》，浙江省公安厅文印中心2003年

3－151　费尔巴哈关于罪刑法定的三项主张

一、无法律即无刑罚；

二、无犯罪即无刑罚；

三、法无规定者不罚，亦不为罪。

注：费尔巴哈为德国古典犯罪学派代表人物，其罪刑法定三项主张被世界各国所遵循。

3－152　美国警察三大任务

一、预防犯罪：警察所有一般性工作就是预防犯罪工作；

二、打击犯罪：犯罪发生后，只有尽快破案，民众对政府才有信心；

三、服务民众：警察都要遵循的一个原则，良好的警民关系，是做好警察工作的基础。

——《外国警察百科全书》，中国人民公安大学出版社1999年版

3－153 日本警察体制三次重大变革

一、第一次变革：明治维新后，借鉴法国、德国模式，建立了中央集权的警察体制。二战前夕，发展和演变为法西斯式的警察国家。

二、第二次变革：第二次世界大战，日本战败，美军以联合国名义占领日本，以美国警察体制为模式，日本警察体制变为非中央集权式的自治式的警察体制。

三、第三次变革：美国结束对日本占领后，日本修改了新的警察法，通过了中央同地方相结合的现行警察体制。

——《外国警察百科全书》，中国人民公安大学出版社1999年版

3－154 西方三权分立

资产阶级革命初期，法国的孟德斯鸠根据英国洛克提出的分权论，加以发展而提出的三权分立论，主张由议会行使立法权，君主掌握行政权，法院专管司法权，以求相互制约，权力平衡。

——《中国文史百科》，浙江人民出版社1998年版

4－155　划清四个重大界限

一、划清马克思主义同反马克思主义的界限；

二、划清社会主义公有制为主体、多种所有制经济共同发展的基本经济制度同私有化和单一公有制的界限；

三、划清中国特色社会主义民主同西方资本主义民主的界限；

四、划清社会主义思想文化同封建主义、资本主义腐朽思想文化的界限。

——《中共中央关于加强和改进新形势下党的建设若干重大问题的决定》，2009年9月18日中国共产党第十七届中央委员会第四次全体会议通过

4－156 全面贯彻“三个代表”重要思想的“四个必须”、“四个新”

一、必须使全党始终保持与时俱进的精神状态，不断开拓马克思主义理论发展的新境界；

二、必须把发展作为执政兴国的第一要务，不断开创现代化建设的新局面；

三、必须最广泛、最充分地调动一切积极因素，不断为中华民族的伟大复兴增添新力量；

四、必须以改革的精神推进党的建设，不断为党的肌体注入新活力。

——江泽民2002年11月8日《在中国共产党第十六次全国代表大会上的报告》

4－157 加强和改进党的建设“四个一定要”

一、一定要高举邓小平理论伟大旗帜；

二、一定要坚持党要管党、从严治党方针；

三、一定要准确把握当代中国前进脉搏，改革和完善党的领导方式和执政方式，使党工作充满活力；

四、一定要把思想建设、组织建设和作风建设有机结合起来，把制度建设贯穿其中。

——江泽民2002年11月8日《在中国共产党第十六次全国代表大会上的报告》

4－158 党的建设四项基本要求

一、坚持党的基本路线；

二、坚持解放思想、实事求是、与时俱进；

三、坚持全心全意为人民服务；

四、坚持党的民主集中制。

4－159　党的民主集中制四条原则

一、党员个人服从党的组织；

二、少数服从多数；

三、下级组织服从上级组织；

四、全党各个组织和全体党员服从党的全国代表大会和中央委员会。

——《中国共产党章程》，2007年12月21日党的十七大通过

4－160　加强党的执政能力建设四个目标

一、使党始终成为立党为公、执政为民的执政党；

二、使党始终成为科学执政、民主执政、依法执政的执政党；

三、使党始终成为求真务实、开拓创新、勤政高效、清正廉洁的执政党；

四、归根到底成为始终做到“三个代表”、永远保持先进性、经得住各种风浪考验的马克思主义执政党。

——《中共中央关于加强党的执政能力建设的决定》（2004年9月19日中国共产党第十六届中央委员会第四次全体会议通过）

4－161　党内民主要防止“四个说了算”

一、防止谁官大谁说了算；

二、防止谁资格老谁说了算；

三、防止谁口气硬谁说了算；

四、防止谁抢先说谁说了算。

4—162 坚持社会主义先进文化四句话

一、以科学的理论武装人；

二、以正确的舆论引导人；

三、以高尚的精神塑造人；

四、以优秀的作品鼓舞人。

4—163 社会主义建设“四位一体”

经济建设、政治建设、文化建设、社会建设一体化推进。

注：胡锦涛2007年6月25日在中央党校省部级干部进修班上讲话时提出，在中国特色社会主义建设中，经济建设提供物质基础，政治建设提供政治保障，文化建设提供精神动力和智力支持，社会建设提供有利的社会环境和条件。我们必须坚持以邓小平理论和“三个代表”重要思想为指导，深入贯彻落实科学发展观，推进我国经济政治文化社会建设全面发展。

4—164 社会主义核心价值体系四个组成部分

一、坚持马克思主义指导地位；

二、坚定中国特色社会主义共同理想；

三、弘扬以爱国主义为核心的民族精神和以改革创新为核心的时代精神；

四、树立和践行社会主义荣辱观。

——《中共中央关于深化文化体制改革推动社会主义文化大发展大繁荣若干重大问题的决定》2011年10月18日中国共产党第十七届中央委员会第六次全体会议通过。

4—165 科学发展观四要素

一、第一要义是发展；

二、核心是以人为本；

三、基本要求是全面协调可持续；

四、根本方法是统筹兼顾。

4—166 四项基本原则

一、坚持社会主义道路；

二、坚持人民民主专政；

三、坚持中国共产党的领导；

四、坚持马克思列宁主义毛泽东思想。

注：1979年3月30日，邓小平代表中共中央在北京召开的理论工作务虚会上作了题为《坚持四项基本原则》的讲话。1987年10月，中国共产党第十三次全国代表大会把“四项基本原则”作为重要内容写进了党在社会主义初级阶段的基本路线中。

4—167 中国共产党发展党际关系四项原则

独立自主、完全平等、互相尊重、互不干涉内部事务

4－168 党面临的“四大危险”与“四大考验”

四大危险：一、精神懈怠危险；二、能力不足危险；三、脱离群众危险；四、消极腐败危险。

四大考验： 一、长期执政考验；二、改革开放考验；三、市场经济考验；四、外部环境考验。

——胡锦涛2011年7月1日《在庆祝中国共产党建党90周年大会上的讲话》

4－169 四书五经

一、四书：《大学》、《中庸》、《论语》、《孟子》；

二、五经：《诗》、《书》、《礼》、《易》、《春秋》。

——《辞海》，上海辞书出版社2002年版

注：“四书”为科举取士初级必读书；“五经”为儒家经典。

4－170 人民警察“四个忠于”

一、忠于党；

二、忠于祖国；

三、忠于人民；

四、忠于法律。

4－171 思想教育要重“四导”

一、部属不懂时靠引导；

二、部属不学时靠教导；

三、部属不清时靠疏导；

四、部属不听时靠劝导。

4－172　从思想决定命运的"四步曲"

一、思想决定行动；

二、行动决定习惯；

三、习惯决定性格；

四、性格决定命运。

4－173　政法工作要迈上四个新台阶

一、服务经济社会发展的水平迈上新台阶；

二、维护国家安全和社会和谐稳定的水平迈上新台阶；

三、保障社会公平正义的水平迈上新台阶；

四、政法机关自身建设的水平迈上新台阶。

——周永康2010年12月19日《在全国政法工作会议上的讲话》

4－174　执法为民"四个第一"

一、把人民群众呼声作为第一信号；

二、把人民群众需要作为第一选择；

三、把人民群众利益作为第一考虑；

四、把人民群众满意作为第一标准；

——周永康2003年1月20日《在全国第二十次公安工作会议上的讲话》

4—175 学习四戒

一、戒满，满则无求；
二、戒骄，骄则无知；
三、戒惰，惰则无进；
四、戒浮，浮则无深。

4—176 抓基层要“四个变”

一、变“背靠背”为“面对面”，不要浮在上面；
二、变“多把号”为“一个调”，不要政出多门；
三、变“超负荷”为“留余地”，不要满打满算；
四、变“一杆插”为“逐级抓”，不要包办代替。

4—177 基础工作要有“四股劲”

一、要有“实”劲，把容易虚化的工作做到位；
二、要有“细”劲，把容易疏漏的工作做扎实；
三、要有“狠”劲，把容易松懈的工作做永久；
四、要有“韧”劲，把容易反复的工作做到底。

4—178 抓基层要防止四种形式

一、方法上要防止“运动式”；
二、指导上要防止“保姆式”；
三、作风上要防止“游览式”；
四、措施上要防止“空把式”。

4—179 香港警察四条价值导向

一、我的行动或行为是否合法；

二、我的行动或行为是否符合警队价值观；

三、我的行动或行为能否确保公众对警队的信任和信心；

四、当需要为自己的行动或行为解释时，我是否有充足的理由。

4—180 公安工作要提高四个能力

一、切实提高维护国家安全能力；

二、切实提高驾驭社会治安局势能力；

三、切实提高处置突发事件能力；

四、切实提高为经济社会发展服务能力。

——胡锦涛2004年10月15日《在观摩全国公安民警大练兵汇报演练时的讲话》

4—181 公安院校教育训练四结合原则

一、科学性和思想性相结合的原则；

二、知识传授和能力培养相结合的原则；

三、循序渐进和强化训练相结合的原则；

四、理论和实践相结合的原则。

——《公安教育概论》，群众出版社1997年版

4—182 政法干部要做到“四个在心中”

一、党在心中；

二、人民在心中；

三、法在心中；

四、正义在心中。

——《坚定不移地做中国特色社会主义事业的建设者和捍卫者》，周永康2008年6月16日在全国政法系统学习贯彻党的十七大精神和胡锦涛总书记在全国政法工作会议代表和全国大法官、大检察官座谈会上的重要讲话专题研讨班上的讲话。

4—183　聪明的四种类型

一、能正确感知世界的叫“聪明”；

二、急于表现自己聪明的叫“精明”；

三、善于掩饰自己聪明的叫“高明”；

四、能左右高明的人叫“英明”。

4—184　我国古代四大文化遗产

一、《明清档案》；

二、《殷墟甲骨》；

三、《居延汉简》；

四、《敦煌经卷》。

——《中国文史百科》，浙江人民出版社1998年版

4—185　清初“四僧”

一、原济（石涛）；

二、朱耷（八大山人）；

三、髡残（石溪）；

四、渐江（弘仁）。

注：原济、朱耷为明宗室后裔，髡残、渐江是明代遗民，四人均抱有强烈的民族意识，他们借画抒写身世之感和抑郁之气，寄托对故国山川的炽热之情，主张借古开今，反对陈陈相因。

4—186　领导干部“四个搞清四个牢记”

一、搞清当官为什么，牢记公仆意识；

二、搞清在位谋什么，牢记职责意识；

三、搞清进步靠什么，牢记创新意识；

四、搞清奋斗图什么，牢记奉献意识。

4—187　班子成员“四个联”

一、思想上联心；

二、工作上联手；

三、信息上联通；

四、困难上联合。

4—188　公安领导干部要做“四种人”

一、素质优良，做民警佩服的人；

二、公道正派，做民警信赖的人；

三、以身作则，做民警尊敬的人；

四、关心爱护，做民警贴心的人。

4—189 基层领导工作要做好“四上”文章

一、把心思用在工作上；
二、把眼睛盯在问题上；
三、把功夫下在落实上；
四、把目标定在争先上。

4—190 公安政工干部“四会”

一、会调查研究；
二、会起草文电；
三、会解决难题；
四、会谋划协调。

4—191 处理人民内部矛盾“四个注重”

一、注重在源头上减少矛盾；
二、注重维护群众权益；
三、注重做好群众工作；
四、注重加强和创新社会管理。

——胡锦涛2010年9月29日《在中央政治局第二十三次集体学习会上的讲话》

4—192 第四次警务革命

第四次警务革命以欧美社区警务运动（20世纪70年代—至今）为标志。社区警务战略之父是英国警察学家约翰·安德逊。社区警务的理念叫做社区警务树（Community Policing Tree）。警务好比一棵大树，树干是警察，枝枝叶叶是警种和社会分工，果实是警察工作的成效。社区警务的原理是：犯罪产生于社会，遏制犯罪的力量也在社会。

4—193 公安机关执法勤务机构四级队建制

一、总队；

二、支队；

三、大队；

四、中队。

——《公安机关组织管理条例》，2006年11月1日国务院第154次常务会议通过，2007年1月1日起施行

4—194 文明执勤四要素

一、谦虚谨慎；

二、不要特权；

三、礼貌待人；

四、警容严整。

——《警察伦理学》，中国人民公安大学出版社2005年版

4—195 文明执法四句话

一、人要精神；

二、物要整洁；

三、说话要和气；

四、办事要公道。

——周永康2003年11月20日《在第二十次全国公安会议上的讲话》

4—196 文明执勤四项要求

一、语言文明，待人谦和；

二、照章办事，以理服人；

三、举止端庄，风纪严整；

四、搞好内务，优化环境。

——《警察伦理学》，中国人民公安大学出版社2005年版

4—197 110服务社会“四有四必”

一、有警必接；

二、有难必帮；

三、有险必救；

四、有求必应。

注：“四有四必”由福建省漳州市公安局1991年率先提出，得到了人民群众高度赞誉，极大地改善了公安机关的社会形象。但由于有些表述过于宽泛，社会上非警务求助过多，出现了诸如求助“买早点”、“送病人”等非警务求助，受警力限制，一些求助难以满足且又影响正常执勤。2003年公安部颁发了《110接处警工作规范》，“四有四必”逐渐淡出。但作为公安服务社会重大变革，有其历史意义。

4—198 公安机关正规化建设“四统一五规范”

四统一：统一考录制度、统一训练标准、统一纪律要求、统一外观标识；

五规范：规范机构设置、规范职务序列、规范编制管理、规范执法执勤、规范行为举止。

——《以“三个代表”重要思想统领公安工作，为维护战略机遇期的社会稳定而奋斗》（周永康2003年11月20日在第二十次全国公安会议上的报告）

4—199 政法队伍管理“四个一律”制度

一、接受当事人及其委托律师吃请、娱乐、财物的，一律停止执行职务；

二、利用职权插手案件办理影响公正执法、滥用职权侵犯当事人合法权益的，一律调离执法岗位；

三、徇私枉法、贪赃枉法的，一律清除出政法队伍；

四、构成犯罪的，一律依法追究刑事责任。

——周永康2010年12月19日《在全国政法工作会议上的讲话》

4—200 党的纪律检查委员会四项任务

一、维护党的章程和其它党内法规；

二、检查党的路线、方针、政策和决议执行情况；

三、协助党的委员会加强党风建设；

四、组织协调反腐倡廉工作。

——《中国共产党章程》，2007年12月21日党的十七大通过

4—201 贯彻从严治警方针“四个严格”

一、严格教育；

二、严格管理；

三、严格训练；

四、严格纪律。

4—202 现场督察四种形式

一、随警出动，跟踪督察；

二、模拟现场，实地抽查；

三、顺藤摸瓜，及时倒查；

四、走访评议，征求意见。

——《公安警务督察》，中国人民公安大学出版社2004年版

4—203 腐败官员“四清四不清”

一、开什么会不清楚，开会坐哪里清楚；

二、谁送礼不清楚，谁没有送礼清楚；

三、谁干得好不清楚，要提拔谁清楚；

四、晚上去哪里活动不清楚，到哪里干什么清楚。

4—204 党员领导干部“四大纪律八项要求”

四大纪律：一、政治纪律；二、组织纪律；三、经济工作纪律；四、群众工作纪律。

八项要求：一、要同党中央保持高度一致，不阳奉阴违、自行其事；二、要遵守民主集中制，不独断专行、软弱放纵；三、要依法行使权力，不滥用职权、玩忽职守；四、要廉洁奉献，不接受任何影响公正执行公务的利益；五、要管好配偶、子女和身边工作人员，不允许利用本人影响牟

取私利；六、要公道正派用人，不任人唯亲、营私舞弊；七、要艰苦奋斗，不奢侈浪费、贪图享受；八、要务实为民，不弄虚作假、与民争利。

——2004年1月11—13日召开的中纪委第三次全体会议提出

4—205　党员民警要筑牢四道防线

一、政治上要抗得住诱惑；

二、思想上要顶得住歪理；

三、作风上要耐得住艰苦；

四、行为上要管得住小节。

4—206　刑罚“四道工序”

一、制刑；

二、求刑；

三、量刑；

四、行刑。

——《警察法学教程》，警官教育出版社1999年版

4—207　刑事审判“四个并重”原则

一、依法审判与化解社会矛盾并重；

二、惩罚犯罪与保障人权并重；

三、审判工作与群众工作并重；

四、法律效果与社会效果并重。

——《关于充分发挥刑事审判职能作用　深入推进社会矛盾化解若干意见》，最高人民法院2011年1月13日颁发

4－208　刑事抗诉四项原则

一、坚持依法履行审判监督职能与诉讼经济相结合；

二、贯彻国家的刑事政策；

三、坚持法律效果与社会效果的统一；

四、贯彻“慎重、准确、及时”的抗诉方针。

——《最高人民检察院关于刑事抗诉工作的若干意见》，2001年2月5日最高人民检察院第九届检察委员会第八十一次会议通过

4－209　剥夺政治权利四项内容

一、剥夺选举权和被选举权；

二、剥夺言论、出版、集会、结社、游行、示威自由的权利；

三、剥夺担任国家机关职务的权利；

四、剥夺担任国有公司、企业、事业单位和人民团体领导职务的权利。

——《人民警察实用知识全书》，中国人民公安大学出版社1999年版

4－210　国家赔偿责任四项构成要件

一、侵权主体必须是国家机关及其工作人员；

二、必须是主体行使职权时的具体行为违法；

三、主体违法行使职权，必须是对公民、法人、其他组织人身权、财产权的损害已经发生；

四、主体实施的违反职权行为与相对人人身权、财产权损害事实之间有因果关系。

——《警察法学教程》，警官教育出版社1999年版

4–211 不适用行政拘留四类人

一、不满16周岁的人；

二、70周岁以上的人；

三、孕妇或者正在哺乳自己不满一周岁婴儿的妇女；

四、患有严重传染病的人。

——《公安机关办理行政案件程序规定》，2006年3月29日公安部部长办公会议通过

4–212 不得取保候审四种情况

一、累犯、犯罪集团主犯；

二、以自伤、自残办法逃避侦查的犯罪嫌疑人；

三、危害国家安全的犯罪、暴力犯罪的犯罪嫌疑人；

四、其它严重犯罪的犯罪嫌疑人。

——《公安机关执法释义》，中国人民公安大学出版社2009年版

4–213 取保候审犯罪嫌疑人四条规定

一、未经执行机关批准不得离开所居住的市、县；

二、在传讯的时候及时到案；

三、不得以任何形式干扰证人的作证；

四、不得毁灭、伪造证据或者串供。

——《公安机关执法释义》，中国人民公安大学出版社2009年版

4—214 立法四道程序

一、提案：有权提出立法提案的国家机关提出法律草案；
二、审查：全国人大法律委员会审议，其他委员会可提出意见和建议；
三、表决：全国人民代表大会或全国人大常委会表决通过；
四、公布：由国家主席公布。

4—215 元代“四等人”制度

一、第一等级人为蒙古人；
二、第二等级人为色目人；
三、第三等级人为汉人；
四、第四等级人为“南人”。

——《中国文史百科》，浙江人民出版社1998年版

注：十三世纪，忽必烈统一中国，建立元朝政权，根据民族不同与被征服的先后次序，将全国分为四个等级，上述四等人在法律地位、政治待遇与税赋都有不同规定，蒙古人地位最高，色目人次之，汉人又次之，南人地位最低。这种做法造成严重的民族隔阂和矛盾，最终使得社会无法长治久安。

4—216 投诸四裔，以御螭魅

“四裔”：东夷、西戎、南蛮、北狄。

——《左传·文公十八年》

注：自先秦以来，中国人认为“中国”即“天下”，位居天下之中央，“四裔”则生荒蛮地区，其外则是魑魅的居住地，“四裔”要拱卫华夏。北宋学者石介《中国论》中：居天地之中者曰中国，居天地之偏

者曰四夷。四夷外也，中国内也，天地为之乎内外，所以限也。

4—217 社会主义法治建设的“四法”要求

一、有法可依：国家应注重立法工作，完备法律制度，使国家和社会生活都纳入法律规范之中；

二、有法必依：凡是已经制定和公布了的法律、法规和规章，我国一切组织、一切人都必须普遍遵守，并依法办事；

三、执法必严：社会主义国家的执法机关和执法人员，必须严格依照法律内容和程序执法。

四、违法必究：凡是违法行为都要依法追究其法律责任。

4—218 清末四大奇案

一、余杭杨乃武与小白菜冤案；

二、京剧名伶杨月楼冤案；

三、江宁张文祥刺杀马新贻奇案；

四、太原张白万嫁女奇案。

注：慈禧垂帘听政的清末年，曾发生无数奇错冤案，其中以杨乃武与小白菜案、杨月楼案、张文祥刺马案、张白万嫁女案最为轰动，统称为清末四大奇案。这四个案件，案情复杂，过程曲折、跌宕起伏、出人意料、引人入胜，对刑事侦查工作有一定借鉴意义。

4—219 犯罪构成四要件

一、犯罪主体；

二、犯罪客体；

三、犯罪主观方面；

四、犯罪客观方面。

——《犯罪学概论》，群众出版社2003年版

4－220 案件侦查终结四条标准

一、案件事实清楚；

二、证据确实充分；

三、案件定性准确；

四、法律手续完备。

——《公安机关执法释义》，中国人民公安大学出版社2009年版

4－221 司法鉴定四项原则

一、合法性原则；

二、独立性原则；

三、客观性原则；

四、公正性原则。

4－222 书证审查四个要素

一、审查书证是在什么状态下产生的；

二、审查书证反映的内容是否真实，是否伪装、变造；

三、审查书证是原件还是复制件；

四、审查书证与其它证据是否相互印证。

——《公安机关执法释义》，中国人民公安大学出版社2009年版

4—223 视听资料审查四个要素

一、是在何时、何地、何种情况下制作的；

二、是否是原始的；

三、有无剪辑、修改、伪造；

四、收集的程序是否合法。

——《公安机关执法释义》，中国人民公安大学出版社2009年版

4—224 审查犯罪嫌疑人供述和辩解四个要素

一、供述和辩解是否合理，前后有无矛盾；

二、是否有刑讯逼供、威胁、引诱、欺骗等非法手段获取供述情况；

三、供述和辩解与其它证据是否相互印证；

四、共同犯罪案件的犯罪嫌疑人之间的供述和辩解是否相互印证，有无矛盾或者串供等情况。

——《公安机关执法释义》，中国人民公安大学出版社2009年版

4—225 刑事赔偿四个特征

一、它是违法行使刑事司法权造成侵权损害所引起的国家赔偿；

二、致害人分别为拥有侦查、检察、审判、刑罚执行权的警察机关、检察机关、人民法院及其工作人员；

三、受害人既包括公民、法人、其它组织，又包括犯罪嫌疑人和服刑罪犯；

四、违法侵权的警察、检察、审判机关为赔偿义务机关。

——《警察法学教程》，教官教育出版社2001年版

4-226 刑讯逼供四大危害

一、违反宪法、侵犯人权；

二、执法犯法、破坏法律权威与尊严；

三、易造成冤假错案；

四、降低执法效率、浪费司法资源。

——《社会主义法治理念教育一百问》，公安部2007年编发

4-227 新古典犯罪学派的四项主张

一、主张人的意志并非绝对自由，生理疾病、精神疾病和未成年等因素对其自由意志有影响；

二、主张环境可以影响人的意志，具体的影响因素包括气候等；

三、主张对意志部分自由者即部分责任能力者减轻处罚；

四、允许专家出庭作证，确定行为者有无责任能力及责任能力的大小。

——《犯罪学概论》，中国政法大学出版社2007年版

4-228 容易引发犯罪的四种不良情绪

一、愤怒——人的意志和活动遭挫折时产生的一种短暂而紧张的情绪，在此状态下易导致犯罪；

二、恐慌——在惊恐状态下，出于本能抵抗而导致犯罪；

三、怨恨——对外界事物强烈不满，滋生仇恨情绪，导致犯罪行为发生；

四、嫉妒——一种强烈的排他欲、破坏欲及强烈的憎恨情绪，视他人为眼中钉、肉中刺，欲除之而后快，因嫉妒导致犯罪，常发生在那些心胸狭隘、气量狭小的人身上。

4－229 犯罪行为准备"四步曲"

一、准备犯罪工具；

二、学习犯罪技术；

三、收集犯罪情报；

四、制定犯罪计划。

——《犯罪学概论》，中国政法大学出版社2007年版

4－230 刑事侦查四项原则

一、迅速及时原则；

二、客观全面原则；

三、保守秘密原则；

四、依法进行原则。

4－231 灵感"啊哈"效应的四个主要特征

一、突然性：灵感是突然闪现的，且稍纵即逝。

二、轻松性：与以往遭遇障碍的经历相比，这种解决问题的过程非常轻松顺利。

三、积极效应：灵感能够产生积极效应。

四、自我感觉良好：灵感闪现后，当事人认为这种解决问题的方法是可行的，并对之深信不疑。

——萨查斯·托波林斯，德国著名心理学家

注：灵感，即大脑中突然闪现出一个解决问题的方法，亦即著名的"啊哈"效应，是人们在解决问题时常有的一种特殊认知经历。最新研究表明，当信息过程处理顺利时，人就会感到一种积极效应。在侦破疑难案

件时，灵感常有助于突破案件。

4-232 维护社会治安“四严”方针

一、严打；
二、严治；
三、严管；
四、严防。

4-233 赌博的四种类型

一、娱乐性赌博；
二、社交性赌博；
三、博弈性赌博；
四、病理性（成瘾）赌博。

4-234 打击淫秽色情犯罪四个重点对象

一、淫秽色情违法犯罪的组织者；
二、淫秽色情违法犯罪的经营者；
三、淫秽色情违法犯罪的获利者；
四、淫秽色情违法犯罪的幕后“保护伞”。

4-235 居民身份证真伪的四种识别方法

一、整体识别；
二、逻辑识别；

三、图案识别；

四、技术鉴定和专家识别。

——《人民警察实用知识全书》，中国人民公安大学出版社1999年版

4－236 处理群体访的“四要四不要”

一、要“导”不要“堵”；

二、要“暖”不要“冷”；

三、要“快”不要“拖”；

四、要“正”不要“偏”。

——《中国警察》杂志2004年第23期

4－237 宗教四功能

一、社会整合功能。宗教可以通过自身信仰所表现出来的特有凝聚力，将社会的不同个人、群体、社会势力等社会存在和社会发展的各要素联系起来，并在共同信仰、共同价值、共同组织形式、共同教义和共同礼仪规范的基础上实现一体化功能。

二、心理调节功能。通过特定的宗教信念，把人们原来心态上的不平衡调节到相对平衡的心理状态，并由此使人们在精神上、行为上和生理上达到有益的适度状态。这种心理调节功能也被称为信仰治疗。

三、道德教化功能。宗教把世俗社会的道德伦理关系、道德秩序和道德规范神圣化为神的意志和要求，演变为它的教义、教规甚至礼仪方式，进而通过灌输转变为教徒的信仰，并通过这种信仰来规范人的个体行为和社会角色。

四、文化承载功能。宗教自身作为一种文化现象发挥着其特定的社会文化功能，同时宗教文化对其他文化形式也有着不可忽略的影响。

4－238 摆脱传销四条对策

一、无论外出到哪里，一定要把行程的主要情形、地点、时间告诉自己父母和靠得住的同学、朋友。

二、误入传销点后，“家长”（传销组织头目）会来跟你聊天，貌似关心，实则摸你底细。如判定他们是搞传销的，你不妨“无意”中透露你在周边市区有社会关系，这样他们会有所顾忌。

三、误入传销点第二天后，传销组织者会带你去不同的地方“洗脑”，你可抓住合适的时机逃跑或求助。

四、传销一般以“说服”的方式进行“洗脑”。你不要轻易承诺，不要与他们争论或者讨论，只需态度温和地表示自己坚决不做传销。一段时间以后，传销组织者会要求你保证对所知情况保密，然后允许你离开。

4－239 旅馆业住宿人员信息“四实”登记

一、实时登记；

二、实名登记；

三、实情登记；

四、实数登记。

4－240 消防工作四句话方针

一、政府统一领导；

二、部门依法监管；

三、单位全面负责；

四、公民积极参与。

——《中华人民共和国消防法》，2008年10月28日由第十一届全国人民代表大会常务委员会第五次会议修订通过，2009年5月1日起施行。

4—241 消防工作四大机制

一、政府主导机制；

二、部门联动机制；

三、目标管理机制；

四、督导考评机制。

——2010年11月17日《公安部推进防火墙工程济南现场会资料》

4—242 社会消防工作四个能力

一、检查消除火灾隐患能力；

二、组织扑救初起火灾能力；

三、组织人员疏散逃生能力；

四、消防宣传教育培训能力。

——2010年11月17日《公安部推进防火墙工程济南现场会资料》

4—243 消防管理四个到位

一、法制保障到位；

二、人员培训到位；

三、宣传氛围到位；

四、长效机制到位。

——2010年11月17日《公安部推进防火墙工程济南现场会资料》

4－244 城市火灾防控四项建设

一、加强基层消防组织建设；

二、加强公共消防设施建设；

三、加强多种形式消防队伍建设；

四、加强消防监管机制建设。

——2010年11月17日《公安部推进防火墙工程济南现场会资料》

4－245 消防产品质量监督四大国家级检测中心

一、消防电子产品检测中心，设在沈阳；

二、消防装备检测中心，设在上海；

三、防火建筑材料检测中心，设在都江堰；

四、固定灭火系统和耐火构件检测中心，设在天津。

4－246 互联网落实监督管理责任四句话

一、谁经营谁负责；

二、谁接入谁负责；

三、谁主管谁负责；

四、谁审批谁监管。

4－247 网络犯罪四大特点

一、网络犯罪数量增加、种类复杂；

二、网络犯罪形式多样、手段翻新；

三、匿名、跨区域等利用网络技术特征明显；

四、团伙犯罪突出。

4-248 公安机关互联网管理四项职能

一、互联网安全监督；

二、打击网络违法犯罪；

三、网上反动、淫秽、赌博、诈骗等违法信息监控和处置；

四、对网吧等公共上网场所进行安全监督管理。

4-249 治理毒品问题"四铁"方针

一、铁的决心；

二、铁的手腕；

三、铁的纪律；

四、铁的要求。

4-250 戒毒的四种模式

一、自愿戒毒；

二、社区戒毒；

三、社区康复；

四、强制隔离戒毒。

——《中华人民共和国禁毒法》，2007年12月29日第十届全国人民代表大会常务委员会第三十次会议通过，2008年6月1日施行

4—251 脱毒的四种疗法

一、阿片类药物替代递减治疗法：其中使用美沙酮较为普遍，一般戒断后3～4天足量使用后逐渐减量，10天完成脱毒。

二、非阿片类药物脱毒治疗法：常用的有可乐定和洛菲西定，与戒毒的中药结合，有较好脱毒疗效。

三、韩氏电针脱毒治疗法：由著名神经生物学家韩济生院士发明，通过针灸促使体内内源性阿片类镇痛物质释放，来缓解戒断症状，且在后续康复治疗中也有较好作用。

四、麻醉脱毒治疗法：吸毒者在全麻状态下，用纳洛酮催促戒毒症状，当戒断症状被充分激发后再行复苏，一般2～3天即可完全脱毒。

4—252 药物脱瘾治疗的四种方法

一、可乐宁脱瘾法；

二、阿片酊递减脱瘾法；

三、美沙酮递减脱瘾法；

四、中西医结合治疗脱瘾法。

——《监所管理执法须知》，群众出版社2003年版

4—253 非药物戒毒脱瘾的四种疗法

一、隔离治疗法。切断毒源，绝对控制戒毒者获得毒品，使戒毒者在隔离状态下脱瘾。

二、针灸治疗法。针灸治疗可使戒毒者减轻戒毒症状。

三、文体活动法。健康文体活动有利于戒毒者增强体质，促进康复。

四、生活技能训练法。组织力所能及的劳动和技能训练，有利于矫正

不良行为、为重返社会创造条件。

——《监所管理执法须知》，群众出版社2003年版

注：非药物治疗法通常适用于成瘾不深、戒断症状不明显的戒毒者，对严重成瘾且戒毒症状明显者，应予以相应对症药物治疗。

4—254 安康医院精神病人治疗的四种方法

一、药物治疗；

二、电休克治疗；

三、心理治疗；

四、工娱治疗。

4—255 安康医院四级护理制

一、特别护理：精神病人兴奋躁动，伤人毁物，有自杀企图，BCT后并发自身躯体疾病，生活完全不能自理者；

二、一级护理：病人易冲动伤人，有自杀意念，并发一般躯体疾病或年老体弱、药物反应重、自理能力差者；

三、二级护理：病情显著好转，处于缓解不全状态，生活不能完全自理；

四、三级护理：康复期病人，精神症状基本消失，病情较轻且较稳定，已获痊愈等待出院者。

——《监所管理执法须知》，群众出版社2003年版

4—256 打击毒品违法犯罪“四必”方针

一、有毒必肃；

二、贩毒必惩；

三、种毒必究；

四、吸毒必戒。

4－257　看守所安全工作“四防一体化”

一、人防严密；

二、物防坚固；

三、技防先进；

四、联防高效。

4－258　四型看守所

一、特大型看守所（1000人以上）；

二、大型看守所（500～1000人）；

三、中型看守所（100～500人）；

四、小型看守所（100人以下）。

4－259　四类看守所

一、公安机关设置的看守所；

二、国家安全机关设置的看守所；

三、专业公安机关设置的看守所；

四、军队设置的看守所。

4－260　看守所管理四项原则

一、依法管理原则；

二、文明管理原则；

三、分管分押原则；

四、严格管理原则。

4－261　看守所四项任务

一、依法对在押人员实行武装警戒看守、保障安全；

二、对在押人员进行思想教育；

三、管理在押人员生活和卫生；

四、保障侦查、起诉和审判工作顺利进行。

4－262　青少年犯罪教育转化四个环节

一、动之以情；

二、晓之以理；

三、导之以行；

四、戒之以规。

注：青少年犯罪教育转化工作要像医生对待病人、老师对待学生、父母对待子女一样，耐心热情，消除其恐惧和抵触情绪，帮助他们分清是非，提高辨别能力，增强守法意识。

4－263　混合交通四大特征

一、交通源点分布不均衡；

二、交通流不稳定；

三、交通工具复杂；

四、人车相互干扰。

——《新世纪警察业务实用大全·道路交通卷》，群众出版社2001年版

4—264　道路交通四类标志

一、警告类标志：警告驾驶人注意前方危险的标志，包括注意信号灯、环形交叉、注意行人等30多种标志；

二、禁止类标志：禁止或限制车辆、行人交通行为的标志，包括禁止驶入、禁止通行、限制重量等30多种标志；

三、指示类标志：指示车辆、行人按含义行进或停止的标志，包括直行、左右转弯、干路先行等20多种标志；

四、指路类标志：传递道路方向、地点。

4—265　道路交通四个基本要素

一、人：车辆驾驶人、行人和乘车人，又称交通参与者；

二、车：机动车和非机动车；

三、路：提供人与车辆公共通行的地方；

四、环境：交通参与者所处与其所进行的道路交通有关的客观环境。

4—266　四类出国护照

一、外交护照；

二、公务护照；

三、因公普通护照；

四、因私普通护照。

4—267 近代中国四种排外主义

一、以忿怒为核心的排外主义；

二、以恐惧为核心的排外主义；

三、以蔑视为核心的排外主义；

四、以自愧为核心的排外主义。

——柯文《在中国发现历史》，中华书局2002年版

4—268 美国警察刑事侦查四大支柱

一、现场：现场勘查步骤要正确，判断要准确，重建要合乎逻辑，并完善保护措施；

二、物证：物证是破案的关键，要善于辨别物证的价值，收集有效的与案件相关或有连接线索的物证；

三、人证：从各种消息面去获取证据与线索，以寻找案件的证人；

四、运气：运气非凭空而来，侦查人员要抓住机会，有能力辨别隐含着运气的机会，而这种能力是逐渐累积的。

注：李昌钰，美国刑事侦查专家。他认为，侦查刑事案件，如同造桌子一样，四个脚非常重要，不管桌面如何漂亮，如果桌脚不稳，再好的材料也无法成为一张好桌子。刑事侦查的四根支柱，就好比桌子四条腿，没有这四根支柱，案件就很难侦破。

5－269 提高执政水平的五个能力

一、提高科学判断形势的能力；

二、提高驾驭市场经济的能力；

三、提高应对复杂局面的能力；

四、提高依法执政的能力；

五、提高总揽全局的能力。

——江泽民2002年11月8日《在中国共产党第十六次全国代表大会上的报告》

5－270 落实科学发展观五个统筹

一、统筹城乡发展；

二、统筹区域发展；

三、统筹经济和社会发展；

四、统筹人与自然和谐发展；

五、统筹国内发展与对外开放。

——《中国共产党第十六届中央委员会第三次全体会议公报》，2003年10月14日中国共产党第十六届中央委员会第三次全体会议通过

5—271　加强党的执政能力建设的五个重点

一、坚持把发展作为党执政兴国的第一要务，不断提高驾驭市场经济的能力；

二、坚持党的领导、人民当家作主和依法治国的有机统一，不断提高发展社会主义民主政治的能力；

三、坚持马克思主义在意识形态领域的指导地位，不断提高建设社会主义先进文化的能力；

四、坚持最广泛、最充分地调动一切积极因素，不断提高构建社会主义和谐社会的能力；

五、坚持独立自主的和平外交政策，不断提高应对国际局势和处理国际事务的能力：

——《中共中央关于加强党的执政能力建设的决定》，2004年9月19日中国共产党第十六届中央委员会第四次全体会议通过

5—272　党的宣传教育工作“五个主”

一、打好主动仗；

二、抓好主渠道；

三、针对主群体；

四、建好主阵地；

五、唱响主旋律。

5－273　政府重大决策的五个必经程序

一、公众参与；

二、专家论证；

三、风险评估；

四、合法性审查；

五、集体讨论决定。

——《国务院关于加强法治政府建设的意见》（国发［2010］33号）

5－274　“五讲”“四美”“三热爱”

“五讲”：讲文明、讲礼貌、讲卫生、讲秩序、讲道德；

“四美”：心灵美、语言美、行为美、环境美；

“三热爱”：热爱祖国、热爱社会主义、热爱中国共产党。

注：1981年2月15日，共青团中央、全国学联等九个单位联合作出《关于开展文明礼貌活动的倡议》，在全国人民特别是青少年中开展“文明礼貌月”活动，大兴“五讲四美三热爱”之风。“五讲四美三热爱”活动是中国共青团在中国共产党的指引下，在新的历史时期首创的群众性活动，是20世纪80年代最数字化的经典口号。

5－275　共产党人要做“五种人”

一、一个高尚的人；

二、一个纯粹的人；

三、一个有道德的人；

四、一个脱离了低级趣味的人；

五、一个有益于人民的人。

——毛泽东1939年12月3日发表的《纪念白求恩》，《毛泽东选集》，人民出版社1991年版

5－276　我国外交政策五项基本原则

一、互相尊重主权和领土完整；

二、互不侵犯；

三、互不干涉内政；

四、平等互利；

五、和平共处。

5－277　执法为民要做到的"五个一致性"

一、对法律负责与对党负责、对人民负责的一致性；

二、严格执法、公正执法、文明执法的一致性；

三、打击犯罪与保护人权的一致性；

四、追求效率与实现公正的一致性；

五、执法形式与执法目的的一致性。

5－278　唯物辩证法五大范畴

一、原因和结果；

二、必然和偶然；

三、可能和现实；

四、形式和内容；

五、现象和本质。

5－279 哲学社会科学“五大功能”

一、认识世界；

二、传承文明；

三、创新理论；

四、咨政育人；

五、服务社会。

——《中共中央关于深化文化体制改革推动社会主义文化大发展大繁荣若干重大问题的决定》，2011年10月18日中国共产党第十七届中央委员会第六次全体会议通过。

5－280 机关工作注重“五性”

一、围绕中心，注重全局性；

二、系统策划，注重整体性；

三、因地制宜，注重针对性；

四、跟踪反馈，注重连续性；

五、求真务实，注重实效性。

5－281 公安机关五个能力建设

一、群众工作能力；

二、执法能力；

三、实战能力；

四、驾驭复杂局势能力；

五、与社会群众沟通能力。

——孟建柱《着力强化五个能力建设 全面提升维护稳定水平》，《求是》杂志2009年第12期

5－282　社会主义法治理念五大组成部分

一、依法治国理念；

二、执法为民理念；

三、公平正义理念；

四、服务大局理念；

五、党的领导理念。

5－283　机关抓基层五个"想一想"

一、想一想服务基层的意识牢不牢；

二、想一想倾斜基层的观念强不强；

三、想一想指导基层的方法对不对；

四、想一想帮助基层的作风实不实；

五、想一想做基层的表率作用好不好。

5－284　抓基层"五防"

一、防指挥不当，把基层捅乱了；

二、防训斥指责，把基层批趴了；

三、防处事不公，把基层气急了；

四、防随心所欲，把基层整苦了；

五、防自身不正，把基层带歪了。

5—285　马斯洛“五大需求”理论

一、生理需求：生存基本需求如衣食住行等；

二、安全需求：心理上与物质上的安全保障；

三、社交需求：需要友谊和群体归属感，彼此同情、互助和赞许；

四、尊重需求：受到他人尊重和自己具有内在的自尊心；

五、自我实现需求：通过努力，实现对生活的期望和人生的意义。

5—286　公安民警必须牢固树立的“五个意识”

一、大局意识；

二、政治意识；

三、忧患意识；

四、群众意识；

五、法制意识。

——《以“三个代表”重要思想统领公安工作，为维护战略机遇期的社会稳定而奋斗》（周永康2003年11月20日在第二十次全国公安会议上的报告）

5—287　坚持执法为民“五个必须”

一、必须转变执法观念，在执法思想上与时俱进；

二、必须增进同人民群众的感情，坚决维护人民群众的合法权益；

三、必须严格依法履行职责；

四、必须切实提高执法水平；

五、必须积极主动适应经济社会的发展要求，进一步加强和改进公安行政管理工作。

——《以"三个代表"重要思想统领公安工作，为维护战略机遇期的社会稳定而奋斗》（周永康2003年11月20日在第二十次全国公安会议上的报告）

5－288　精神文明建设"五个一工程"

一、一部好的戏剧作品；

二、一部好的影视剧作品；

三、一部好的社会科学方面的图书；

四、一部好的社会科学方面的理论文章；

五、一首好歌。

注：由中共中央宣传部组织的精神文明建设"五个一工程"评选活动，自1992年起每年进行一次。评选上一年度各省、自治区、直辖市和中央部分部委，以及解放军总政治部等单位组织生产、推荐申报的精神产品中五个方面的精神佳作。

5－289　领导班子要营造五种风气

一、认真学习的风气；

二、民主讨论的风气；

三、积极探索的风气；

四、求真务实的风气；

五、清正廉洁的风气。

5-290　领导指示（讲话）要注意五个防止

一、防止逢会必讲，太多太滥；
二、防止照本宣科，无关痛痒；
三、防止高谈阔论，脱离实际；
四、防止东拉西扯，游离主题；
五、防止音调平平，缺乏激情。

5-291　领导干部要“五听五不听”

一、要听真言，不能听假言；
二、要听忠言，不能听馋言；
三、要听群言，不能听偏言；
四、要听疏言，不能听亲言；
五、要听诤言，不能听甜言。

5-292　一把手要有“五度”

一、理解认识上要有深度；
二、总揽全局上要有高度；
三、维护团结上要有气度；
四、督促落实上要有力度；
五、评功评奖上要有风度。

5-293　一把手对副职“五不”

一、放手不撒手；

二、亲密不庸俗；

三、体谅不迁就；

四、撑腰不放纵；

五、关心不袒护。

5—294　副职对一把手“五不”

一、服从不盲从；

二、尊重不失度；

三、维护不失声；

四、请示不失主；

五、辅助不失责。

5—295　管理五大职能

法国科学管理专家、管理学先驱之一的亨利·法约尔（Henry Fayol 1841—1925）将管理活动的职能划分为计划（Prevoyance）、组织（To organize）、指挥（To command）、协调（To coordinate）和控制（To control）五种，成为科学管理的重要基础理论。

5—296　派出所“五小工程”

指小厨房、小浴室、小阅览室、小健身房、小洗房。

5—297　公安工作“五化”目标

一、警务信息化；

二、勤务实战化；

三、执法规范化；

四、队伍正规化；

五、保障标准化。

——周永康2006年10月31日《在全国公安机关“三基”工程建设工作会议上的讲话》

5－298　警察五大技能

一、通用技能；

二、专业技能；

三、警体技能；

四、驾驶技能；

五、特殊技能。

——《公安教育概论》，群众出版社1997年版

5－299　警察语言艺术五要素

一、言要有情：动之以情，晓之以理；

二、言要文明：文雅谦恭，纯洁健康；

三、言要准确：有理有据，实事求是；

四、言要生动：讲群众语言，有吸引力；

五、言要灵活：因时、因事、因地、因人制宜。

5－300　人民警察警衔五等十三级

一、一等（总警监）：总警监、副总警监；

二、二等（警监）：一级警监、二级警监、三级警监；

三、三等（警督）：一级警督、二级警督、三级警督；

四、四等（警司）：一级警司、二级警司、三级警司；

五、五等（警员）：一级警员、二级警员。

——《中华人民共和国人民警察警衔条例》，1992年7月1日第七届全国人大常委会第26次会议通过，同日施行

5—301　第五次警务革命

第五次警务革命以情报信息主导警务为标志。20世纪90年代初期，一种与社区警务战略不同的新战略在英美国家已经悄然兴起。这种战略在英国被称为以情报为导向的警务战略；在美国被称为以犯罪情报的计算机统计分析为基础的警务战略，简称CompStat。该战略自创生以来，在英美国家发展迅速并对警务实践产生了巨大的影响，被认为是继社区警务战略之后警务战略的新的转向。鉴于这种警务战略在英美国家取得的巨大成效，我国公安机关也迅速跟进，“情报信息主导警务”已成为公安工作的时代主流。

5—302　公安信息化建设“五个一网”

一、视频监控一网控；

二、办案办公一网通；

三、情报信息一网综；

四、服务措施一网办；

五、工作执法一网考。

5－303 公安机关正规化建设五大条令条例

一、《公安机关人民警察内务条令》（公安部颁发 2000年6月1日起施行）；

二、《公安机关人民警察纪律条令》（监察部、人力资源社会保障部、公安部联合颁发 2010年6月1日起施行）；

三、《公安机关人民警察奖励条令》（公安部颁发 2003年9月1日起施行）；

四、《中国人民共和国人民警察警衔条例》（中华人民共和国主席令第59号颁发 1992年7月1日起施行）；

五、《公安机关人民警察组织管理条例》（国务院第479号令颁发 2007年1月1日起施行）。

5－304 纪委五项经常性工作

一、对党员进行纪律教育，作出关于维护党纪的决定；

二、对党员领导干部行使权力进行监督；

三、检查和处理党的组织和党员违反党的章程和其它党内法规的比较重要和复杂的案件，决定或取消对这些案件中党员的处分；

四、受理党员的控告和申诉；

五、保障党员的权利。

——《中国共产党章程》，2007年12月21日党的十七大通过

5－305 党员领导干部“五不准”政德底线

一、不准违反规定，收取礼金、有价证券和支付凭证，对违反规定收钱送钱的，一律免职，再按规定处理；

二、不准跑官要官；

三、不准放任、纵容配偶、子女和身边工作人员利用领导干部职权和职务影响，经商办企业或从事中介活动，谋取非法利益，违反规定的要辞去现职，或由组织责令辞职，并按规定给予纪律处分；

四、不准参与赌博，凡参与赌博的，一律予以免职，再按规定处理，去境外赌博的，一律从严惩处；

五、不准借婚丧嫁娶之机收钱敛财，切实纠正领导干部超标准配备小汽车和在职务上的以权谋私等问题。

5—306 公安机关领导干部五个严禁

一、严禁违规插手工程招标、政府采购、人事安排和案件查办，为本人或特定关系人谋取不正当利益；

二、严禁近亲属在分管的业务范围内从事可能影响公正执行公务的经营活动；

三、严禁出差、开展公务活动，由企事业单位、个人接待，或者接受下级公安机关、企事业单位、个人安排出入营业性娱乐场所；

四、严禁违规收受现金、有价证券、支付凭证、干股；

五、严禁违规相互请托为对方的特定关系人在投资入股、经商办企业等方面提供便利，谋取不正当利益。

5—307 反腐倡廉五大机制

一、廉政风险防控机制；

二、权力运行监督机制；

三、民主公开机制；

四、反腐倡廉制度落实机制；

五、责任追究机制。

5—308 反腐败“五抓五力”

一、抓教育，增强免疫力；

二、抓制度，增强约束力；

三、抓查处，增强威慑力；

四、抓示范，增强公信力；

五、抓领导，增强向心力。

5—309 拒腐防变五条警语

一、送钱送物是送“定时炸弹”，开关控制在别人手里，随时随地可以引爆你。（一个贪官在狱中的忏悔）

二、要那么多钱干什么？人不能把钱带进棺材里去，但钱却可以把人带进棺材里去。（一个贪官被执行死刑前的话）

三、送钱是送绞索，套住以后，一个一个领导成了“推磨的鬼”。（一个腐败官员的现身说法）

四、现在反腐败好比隔着围墙砸石头，砸到谁谁倒霉。（一个腐败官员的侥幸心理）

五、领导干部面临复杂社会环境，权力越大，风险越大，从领导到罪犯一念之差，从光明到黑暗一步之遥。（一个省委书记在全省领导干部会议上的讲话）

5—310 不当“五官”

一、廉洁奉公，不当贪官；

二、明辨是非，不当昏官；

三、勤奋务实，不当懒官；

四、甘为人先，不当庸官；

五、坚持原则，不当软官。

5－311　公安机关"五条禁令"

一、严禁违反枪支管理使用规定，违者予以纪律处分；造成严重后果的，予以辞退或者开除。

二、严禁携带枪支饮酒，违者予以辞退；造成严重后果的，予以开除。

三、严禁酒后驾驶机动车，违者予以辞退；造成严重后果的，予以开除。

四、严禁工作时间饮酒，违者予以纪律处分；造成严重后果的，予以辞退或者开除。

五、严禁参与赌博，违者予以辞退；情节严重的，予以开除。

——《公安部关于印发"五条禁令"的通知》（公通字〔2003〕4号）

5－312　从严治警须"五防"

一、防严得不真实，光打雷不下雨；

二、防严得不到位，打折扣降标准；

三、防严得不全面，严人不严己、严兵不严官、严基层不严机关；

四、防严得不一贯，严一阵、松一阵；

五、防严得不适度，脱离实际、苛令难行。

5－313 现场督察“五法”

一、明察暗访法（按督察方法透明度分）；

二、事前、事中、事后督察法（按选择时机分）；

三、异地督察、联合督察法（按督察主体组织形式分）；

四、专项督察、重点督察、抽样督察、综合督察法（按督察内容分）；

五、常规督察、突击督察法（按督察时间分）。

——《公安警务督察》，中国人民公安大学出版社2004年版

5－314 依法行政“五不得”

一、不得以言代法；

二、不得以权压法；

三、不得以权代法；

四、不得以权乱法；

五、不得以权废法。

——《依法是行政的前提》《人民日报》2010年12月14日

5－315 镇反运动五道防线

一、规定镇反运动杀人控制数为农村1‰、城市0.5‰，不准超过；

二、可杀可不杀一律不杀，可捕可不捕一律不捕；

三、捕人批准权一律收为地委，杀人审批权一律收为省委；

四、对没有血债和民愤不大又犯有死罪的，判处死刑缓期两年，以观后效；

五、对党、政、军、文教界、工商界、宗教界、民主党派和人民团体八个方面清出来的反革命分子，应当判处死刑的，更要谨慎。

——《中国公安百科全书》，吉林人民出版社1989年版

5—316　执法监督五大机制

一、案件协调机制；

二、专家会诊机制；

三、案件评审机制；

四、司法救助机制；

五、内部考评机制。

——《浙江政法》杂志2010年第178期

5—317　五类主刑

一、死刑；

二、无期徒刑；

三、有期徒刑；

四、拘役；

五、管制。

5—318　五种刑事强制措施

一、拘传；

二、取保候审；

三、监视居住；

四、拘留；

五、逮捕。

5-319 当事人在听证中的五项权利

一、申请回避权利；

二、委托1～2人代理参加听证权利；

三、进行陈述、申辩和质证权利；

四、核对、补正听证记录权利；

五、依法享有的其它权利。

——《治安管理处罚法实务指南》，中国人民公安大学出版社2005年版

5-320 罚金执行五种形式

一、限期一次缴纳：适用数额不大，或数额较大但缴纳并不困难的；

二、限定时间分期缴纳：适用数额较大，无力一次缴纳的；

三、强制缴纳：适用指定期限内拒不缴纳，且有能力缴纳的；

四、随时追缴：适用转移、隐藏财物而使罚金不能执行的；

五、减少或免除缴纳：适用遭遇意外、缴纳确有困难的。

——《人民警察实用知识全书》，中国人民公安大学出版社1999年版

5-321 五五普法

“五五普法”是指国家在公民中开展法制宣传教育的第五个五年规划（2006—2010）。主要任务是：深入学习宣传宪法；深入学习宣传经济社会发展的相关法律法规；深入学习宣传与群众生产生活密切相关的法律法规；深入学习宣传整顿和规范市场经济秩序的法律法规；深入学习宣传维护社会和谐稳定、促进社会公平正义的相关法律法规；坚持普法与法治实践相结合，大力开展依法治理；组织开展法制宣传教育主题活动。

5－322　五胡乱中华

五胡：匈奴、鲜卑、羯、羌、氐五个胡人的北方少数民族。史学五胡乱中华之说，指的是西晋短暂统一后，被五胡十六国割据局面所代替，而“乱中华”实际始于西晋内部争权夺利的“八王之乱”。五胡十六国时期，这些民族大量向中原、河西内迁，与内地民族在争战、交往、同受苦难中更加融合，使中华各族的向心力与一体化意识得到加强。

——《辞海》，上海辞书出版社2002年版

5－323　法律溯及力五项原则

一、从旧原则。新法对生效前发生的行为，已经处理完毕的，一律不能溯及，应当按照行为时的法律处理。新法没有溯及力。

二、从新原则。新法对其生效前发生但尚未处理完毕的行为一律按新法处理。新法有溯及力。

三、从轻原则。比较新旧法律规定的轻重，哪个法律规定处理较轻的，就适用哪个法律。

四、从旧兼从轻原则。新法原则上没有追溯力，但如果按照新法处理较轻的，则适用新法。

五、从新兼从轻原则。新法原则上有追溯力，但如果按照旧法处理较轻的，则适用旧法。

5－324　刑罚五大功能

一、惩罚功能；

二、威慑功能；

三、剥夺功能；

四、改造功能；

五、抚慰功能。

5－325 审查物证五要素

一、物证收集的时间、地点是否准确；

二、物证收集的方法是否科学、程序是否合法；

三、物证是否因自然、人为因素的影响在收集、保管过程中发生变化；

四、是否为原始物证；

五、物证与其它证据是否相互印证。

——《公安机关执法释义》，中国人民公安大学出版社2009年版

5－326 审查被害人五要点

一、被害人与犯罪嫌疑人关系如何；

二、被害人是在什么情况下进行陈述的；

三、被害人的陈述与案件事实是否相一致，有无夸大或缩小情形；

四、被害人思想品质、文化水平、平时表现情况；

五、被害人陈述与其它证据是否相印证。

——《公安机关执法释义》，中国人民公安大学出版社2009年版

5－327 审查鉴定意见五要素

一、鉴定人是否具备鉴定资格；

二、被鉴定的材料是否真实、充分；

三、鉴定的方法和结论是否科学；

四、鉴定人是否受到外界影响；

五、鉴定过程是否符合法定程序。

——《公安机关执法释义》，中国人民公安大学出版社2009年版

5－328　审查勘验检查笔录五重点

一、参加勘验、检查人员是否符合法定条件；

二、勘验、检查程序是否合法；

三、勘验、检查笔录记载的内容是否真实，与现场照片、现场图所反映的情况是否一致；

四、笔录有无伪造、篡改；

五、笔录法律手续是否完备。

——《公安机关执法释义》，中国人民公安大学出版社2009年版

5－329　古代办案“五听”

一、辞听：观其出言，不直则烦；

二、色听：观其面色，不直则变；

三、气听：观其气息，不直则喘；

四、耳听：观其听聆，不直则惑；

五、目听：观其瞻视，不直则乱。

——《周礼·秋官·小司寇》

注：我国奴隶社会一种审讯方法，“听”即判断推理的意思。“五听”是古代司法人员，依靠察言观色来认定口供真伪，用以帮助定罪的审讯方法。这种方法对我们现代审讯犯罪嫌疑人也有一定借鉴意义。

5－330 “五何”要素

一、何时：事实是何时发生的；

二、何地：事实在何地发生的；

三、何人：事实是何人造成或提供的；

四、何因：事实是因为什么发生的；

五、何故：事实的内容真象始末怎样。

——《简明公安词典》，群众出版社1989年版

注：“五何”要素是办案中调查、搜集、整理和使用证据及犯罪事实材料必须具备的五个要素。缺乏要素中的一种，就不符合规定要求。

5－331 新中国20世纪五次犯罪高峰

一、1950年为第一次犯罪高峰。由于新中国刚建立，残余反动势力及旧社会遗留的流氓、盗匪、兵痞、妓女多，主要犯罪类型是杀人、爆炸、投毒、纵火、刺探军情、仿造货币、制毒贩毒、卖淫嫖娼、破坏抗美援朝等。

二、1961年为第二次犯罪高峰。由于持续数年的经济困难，国民经济处于崩溃边缘，民众生活极其困难，饱受饥饿。主要犯罪类型为盗窃、抢劫和诈骗等侵财性案件，青少年犯罪开始增多。

三、1973年为第三次犯罪高峰。“文革”造成的动乱，冲击了之前形成的防控机制，使社会各个领域陷入混乱状态，砸烂“公、检、法”使法制遭受毁灭性破坏，打、砸、抢、抄、抓、关，严重破坏了政治秩序、经济秩序和社会秩序。

四、1981年为第四次犯罪高峰。“文革”虽已结束，但积累下来的社会矛盾和社会问题开始暴露，使刑事犯罪大幅增加；改革开放初期，“摸着石头过河”，制度机制不完善，经济犯罪迅速泛滥，有组织犯罪和

性犯罪开始增多。

五、1991年为第五次犯罪高峰。经过三年(1983—1986)严打，犯罪率大幅下降。1987年后改革发展速度加快，新事物不断涌现，人流、物流、信息流急剧加速，导致各类犯罪剧增，特别是经济类犯罪、毒品犯罪和贪污腐败现象集中暴发，刑事案件年环比增长率高达40%，形成了新中国第五次犯罪高峰。

5－332　犯罪行为构成五个要素

一、犯罪时间；

二、犯罪空间；

三、犯罪人；

四、犯罪工具；

五、行为方式。

——《犯罪学概论》，中国政法大学出版社2007年版

5－333　办理涉外刑事案件五项原则

一、适用中国法律原则；

二、诉讼权利平等原则；

三、遵守国际条约原则；

四、使用我国通用语言文字原则；

五、委托或指派我国律师参与诉讼原则。

5－334　刑事立案五条基本要求

一、凡有犯罪事实，需要追究刑事责任的，均应当立案；

二、同一犯罪嫌疑人在同一时段、同一区域连续作案或者对同一对象连续作案，实施性质相同犯罪的，应当立为一起案件；

三、同一犯罪嫌疑人，实施性质相同的数行为、累计后达到立案标准，或者一个行为达到立案标准，其它行为未达到立案标准的应当立为一起案件；

四、在同一作案过程中，同一犯罪嫌疑人、实施数个犯罪行为，应以最强的犯罪行为立为一起案件；

五、过失犯罪，以及案件已审结又发生另有罪行或发现另有犯罪嫌疑人需追究刑事责任的，均应当单独立案。

5—335　人身权损害国家刑事赔偿五类对象

一、对无犯罪事实或无事实证明有犯罪嫌疑的人错误拘留的损害；

二、对没有犯罪事实的人错误逮捕的损害；

三、依照审判监督程序，再审改判无罪，原判刑罚已经执行的损害；

四、刑讯逼供或者以殴打等暴力行为或者唆使他人以殴打等暴力行为造成公民身体伤害或者死亡所造成的损害；

五、违法使用武器、警械造成公民身体伤害或者死亡所造成的损害。

——《警察法学教程》，教官教育出版社2001年版

5—336　清朝五刑

一、笞：用竹板制成，专打臀部；

二、仗：用粗荆条制成，专打背、腿、臀；

三、徒：强制劳役；

四、流：流放边远地区；

五、死：绞、斩、凌迟、枭首、戮尸。

——《中国公安百科全书》，吉林人民出版社1989年版

注：“凌迟”即民间所说的“千刀万剐”，使受刑人痛苦地慢慢死去，是最残忍的一种死刑；“枭首”即“斩头而悬挂木上”。1905年4月24日，清廷废除死刑中的凌迟、枭首、戮尸。

5－337　古代断命案“五件俱全”

一、尸：无尸体不定案；

二、伤：经过尸体勘验后发现的致命伤痕；

三、病：经过尸体检验后发现的致死病因；

四、物：物证，尤其是发现能致命的凶器；

五、踪：证人证言等足以证明行为情节的踪迹。

注：古代断命案，苛求实证。如《水浒传》第二十五回狱吏所云：“但凡人命之事，须尸、伤、病、物、踪五件俱全，方可推得。”乃因一旦错判错杀，即无可挽回，“无尸不定案”，成为古代严格的司法原则，这一传统一直沿续至今。

5－338　伊斯兰教“五功”

一、念功：教徒要认识真主，念经祈祷宣读“清真言”，要读出声音来；

二、拜功：面向麦加“克尔白”，向安拉礼拜，每日5次拜，每周一聚礼，每年两次会礼，每次礼拜要完成一套立正、赞颂、鞠躬、叩头、跪坐等动作；

三、斋功：教徒需要斋月里封斋一个月，该月从黎明到日落戒除一切饮食和房事（病人、旅客及怀孕、哺乳妇女除外）；

四、课功：以神的名义，征办的一种课税；

五、朝功：身体健康、有经济能力的穆斯林，一年之内要去圣地麦加朝觐“克尔白”一次。

——《中国公安百科全书》，吉林人民出版社1989年版

注：伊斯兰教在生活方面有严格的禁食制度，《古兰经》规定，教徒要食清洁食物，戒食自死物、血液和猪肉，禁止饮酒，教徒死后要土葬。

5—339　违反治安管理从重处罚的五类情形

一、有较严重后果的；

二、教唆、胁迫、诱骗他人实施违法行为的；

三、对报案人、控告人、举报人、证人打击报复的；

四、六个月内受到治安处罚或一年内因同类行为受两次以上行政处罚的；

五、在刑事处罚执行完毕，劳动教养解除或者受治安处罚的六个月内，或者缓刑期间违反治安管理的。

——《治安管理处罚法实务指南》，中国人民公安大学出版社2005年版

5—340　化解信访案件五个到位

一、诉求合理的解决到位；

二、需求过高的疏导教育到位；

三、有过错瑕疵的纠正弥补到位；

四、有实际困难的救助帮扶到位；

五、违法信访闹访的依法处理到位。

5－341 派出所科技装备新五小件

一、电脑；

二、录音笔；

三、数码相机；

四、数字证书；

五、手持电台。

5－342 感官识假钞五看

一、看水印：真钞透光可见水印，假钞没有；

二、看手感：真钞手摸有凹凸感，假钞没有；

三、看颜色：真钞颜色鲜明、图案清晰，假钞色暗、图案模糊；

四、看纸质：真钞质地坚韧、手感厚实，假钞绵软、单薄发脆；

五、看金属线：真钞透光可见右边有金属线，假钞没有。

——《人民警察实用知识全书》，中国人民公安大学出版社1999年版

5－343 五城兵马司

明朝负责京师治安，专门缉拿盗贼的治安机构。全称为中东西南北五城兵马指挥司。其主要任务：缉捕盗贼，维持治安，夜巡，查缉户口，协助刑部、都察院勘验、押解犯人，追赃，禁私盐，防火救火等。每司设指挥1人、副指挥4人，弓兵80人，火甲多人，均由兵马司指挥统帅。

——《中国文史百科》，浙江人民出版社1998年版

5－344 五毒俱全

“五毒”是指主治外伤的五种药性猛烈之药。《周礼·天官》说：“凡疗伤，以五毒攻之。”这里的“五毒”就是石胆、丹沙、雄黄、礜石、慈石。也有称蛇、蝎、蜈蚣、壁虎、蟾蜍五种动物为“五毒”。故人以此比喻无恶不作之人。

——《辞海》，上海辞书出版社2004年版

5－345 旅途谨防五种行窃手法

一、“挤车门儿”：贼拿小包或报纸作掩护，挤在上车人群中一手搭架子，一手从旅客身上偷走财物；

二、“抠死倒儿”：贼趁凌晨旅客熟睡时机，用锋利的刀片剖开旅客夹带钞票的衣袋、腰包，将钱偷走；

三、“吃衣帽钩儿”：贼把衣服盖在旅客挂在衣帽钩上的衣服上面，假借取衣服中的物件，趁机将旅客衣服内财物偷走；

四、“抽芯儿”：贼把装有废报纸的包混塞在行李架上旅客旅行包之间，趁夜间或上下车时旅客不注意，将旅客的包或包内财物窃出放入自己包内；

五、“玩大活儿”又称“吃卧铺”：贼买卧铺票上车，盯好目标后趁深夜旅客熟睡时偷走行李包，换装躲进其他车厢伺机下车溜走。

5－346 消防执法“五凡是五必须”

一、凡是检查的，必须出具法律文书；

二、凡是存在隐患的，必须依法监督整改；

三、凡是受案的，必须依法实施处罚；

四、凡是处罚的，必须依法执行到位；

五、凡是未执行到位的，必须依法强制执行。

5—347　信息犯罪的五大特性

一、智能性；

二、隐蔽性；

三、多样性；

四、严重性；

五、复杂性。

5—348　信息安全保护五个等级

一、自主保护级；

二、指导保护级；

三、监督保护级；

四、强制保护级；

五、专控保护级。

——《浙江省信息安全等级保护管理办法》，2006年9月30日经省人民政府第77次常务会议审议通过

5—349　互联网管理“五个着力”

一、着力理顺互联网管理体制；

二、着力加强互联网管理法律法规建设；

三、着力加强互联网基础管理；

四、着力加强互联网信息安全；

五、着力提高网上舆论引导能力。

5—350 防范网络黑客攻击五策

一、关闭或删除系统中不需要的服务，以减少被攻击的可能性；

二、关闭无用网络端口，（如139、445等）关闭默认和隐藏共享；

三、更改超级管理员账户名，建立一般账户（平时用），设置强口令（包含字母、数字、特殊字符）并定期更改，关闭guest等平时不用账户；

四、安装个人防火墙软件，将安全级别设为中、高；

五、使用安全性能高的路由器或防火墙，针对不同协议攻击方式，配置好相应的安全策略。

——浙江省公安厅《防范网络诈骗宣传手册》

5—351 看守所内务管理“五个一条线”

一、被褥叠成一条线；

二、毛巾挂成一条线；

三、牙具摆成一条线；

四、鞋子放成一条线；

五、人员坐成一条线。

5—352 看守所安全检查五种形式

一、随时检查；

二、重点检查；

三、定期检查；

四、节前检查；

五、突击检查。

5-353 看守所分押分管五个必须

一、男性与女性必须分押分管；

二、成年人与未成年人必须分押分管；

三、同一案件犯罪嫌疑人必须分押分管；

四、已决罪犯与未决犯罪嫌疑人、被告人必须分押分管；

五、外国籍、危害国家安全的犯罪嫌疑人、被告人必须分押分管。

——《看守所条例》，国务院1990年3月17日颁发，同日施行

5-354 公路五等级

一、高速公路：能适应年平均昼夜交通量25000辆以上，专供汽车分道行驶并全部控制出入、全立体交叉的现代化汽车专用道路。

二、一级公路：能适应年平均昼夜交通量5000～25000辆，可供汽车分道行驶，并部分控制出入、部分立体交叉的公路。

三、二级公路：能适应年平均昼夜交通量2000辆的干线公路和运输任务繁重的城郊公路。

四、三级公路：能适应年平均昼夜交通量2000辆以下的一般干线公路。

五、四级公路：能适应各种车辆折合成载重汽车的年平均昼夜交通量200辆以下的支线公路。

——《人民警察实用知识全书》，中国人民公安大学出版社1999年版

5－355　道路交通安全"五整顿三加强"

"五整顿"：一、要整顿驾驶员队伍；二、要整顿路面行车秩序；三、要整顿交通运输企业；四、要整顿机动车生产、改装企业；五、整顿危险路段。

"三加强"：一、加强责任制；二、安全宣传教育；三、加强执法检查。

注：2007年1月15日，时任中共中央政治局委员、书记处书记、国务委员、公安部部长周永康同志在全国预防道路交通事故电视电话会议上提出了"五整顿三加强"的要求。

5－356　边境治安管理五大任务

一、边境管理；

二、界务管理；

三、边境涉外事务管理；

四、边境缉私缉毒；

五、反偷渡犯罪活动。

——《警察法学教程》，警官教育出版社1999年版

5－357　加罗法洛五项主张

一、谋杀犯：杀人如儿戏、毫无道德情感的人，死刑是唯一措施。

二、暴力犯：为满足自我而杀人者，应流放海外岛屿，实行不定期刑。

三、财产犯：放逐农场、强迫劳动，重者处以无期徒刑。

四、风俗犯：心理异常的性犯罪，应放逐海外，施以不定期刑，如患

有精神病，应监禁于收容所，加以隔离治疗。

五、非真正犯罪人：如过失犯罪，实行强制赔偿措施。应强制劳动，所得收入扣除收容费外，实行损害赔偿和罚金之用。

——意大利法学家加罗法洛《犯罪学》，1885年出版

注:加罗法洛（1852—1934）是意大利法学家、犯罪学家，犯罪人类学的代表人物。其“自然犯罪”、“天赋道德”等观点，都是本能直觉主义的观点，是对犯罪本质的一种重要解释。加罗法洛与龙勃罗梭、菲利一起被尊称为“犯罪学三圣”。

5－358　贝卡利亚关于犯罪与刑罚的五项原则

一、罪刑法定原则；

二、罪刑相适应原则；

三、刑罚人道化原则；

四、废除刑讯和死刑原则；

五、实行无罪推定原则。

——意大利学者切萨雷·贝卡利亚《论犯罪与刑罚》，1764年出版

注：贝卡利亚是古典犯罪学派代表人物。《论犯罪与刑罚》深刻揭露了旧刑事制度蒙昧主义的本质，依据人性论和功利主义的哲学观点，分析了犯罪与刑罚的基本特征，提出了上述五项原则，对近代欧洲刑法改革产生了巨大的推动作用，被誉为刑法学和犯罪学领域最重要的经典著作之一。

5－359　龙勃罗梭生物标准五种犯罪人

一、天生犯罪人；

二、精神病犯罪人；

三、习惯性犯罪人；

四、激情性犯罪人；

五、偶发性犯罪人。

——《犯罪学概论》，中国政法大学出版社2007年版

注：龙勃罗梭（1836—1909），意大利犯罪学家、精神病学家，刑事人类学派的创始人。生于维罗纳犹太人家庭，曾任军医、精神病院院长，以及都灵等大学的教授。重视对犯罪人的病理解剖研究，比较研究精神病人和犯罪人的关系，运用人类学的测定法作为研究精神病犯罪人和其他犯罪人的方法，尤其注重对犯罪人头盖骨和人相的研究。

6—360　社会主义核心价值体系建设的六个重大问题

一、必须坚持马克思主义在意识形态领域的指导地位，不能搞指导思想的多元化；

二、只有社会主义才能救中国，只有中国特色社会主义才能发展中国，不能搞民主社会主义和资本主义；

三、必须坚持人民代表大会制度，不能搞“三权分立”；

四、必须坚持中国共产党领导的多党合作和政治协商制度，不能搞西方的多党制；

五、必须坚持以公有制为主体、多种所有制经济共同发展的基本经济制度，不能搞私有化或“纯而又纯”的公有制；

六、必须坚持改革开放不动摇，不能走回头路。

——《中共中央关于构建社会主义和谐社会若干重大问题的决定》，

2006年10月11日中国共产党第十六届中央委员会第六次全体会议通过

6-361　构建社会主义和谐社会六项原则

一、必须坚持以人为本；

二、必须坚持科学发展；

三、必须坚持改革开放；

四、必须坚持民主法制；

五、必须坚持正确处理改革、发展、稳定的关系；

六、必须坚持在党的领导下全社会共同建设。

——《中共中央关于构建社会主义和谐社会若干重大问题的决定》，2006年10月11日中国共产党第十六届中央委员会第六次全体会议通过

6-362　构建社会主义和谐社会六条总要求

一、民主法制；

二、公平正义；

三、诚信友爱；

四、充满活力；

五、安定有序；

六、人与自然和谐相处。

——《中共中央关于构建社会主义和谐社会若干重大问题的决定》，2006年10月11日中国共产党第十六届中央委员会第六次全体会议通过

6-363　党内政治生活“六有”

既有集中又有民主，既有纪律又有自由，既有统一意志，又有个人心

情舒畅，生动活泼那样一种政治局面。

——《毛泽东选集》，人民出版社1991年版

6−364　人生应有“六个气”

一、搏击人生有志气；
二、勤奋学习有灵气；
三、对待工作有士气；
四、克服困难有勇气；
五、钱色诱惑有骨气；
六、面对罪犯有正气。

6−365　消除隔阂（误会）“六法”

一、“闲”：（等闲视之）以一颗无私心消除于无形之中；
二、“慢”：（不要着急）以一颗平常心伺机妥善解决；
三、“忍”：（放宽胸怀）以一颗忍辱心赢得高尚友谊；
四、“等”：（耐心等待）以一颗细致心唤起对方省悟；
五、“理”：（以理服人）以一颗高尚心求得两心相通；
六、“情”：（情感化解）以一颗兄弟心感化对方。

6−366　评比先进不搞六种标准

一、老先进不能倒的照顾性标准；
二、选票定乾坤的群众性标准；
三、上级打招呼的指令性标准；
四、给后进单位鼓励的安慰性标准；

五、“矮子里面选将军”的相对性标准；

六、你有我也要有的攀比性标准。

6-367 公安领导干部六个多思考

一、在事关公安工作发展方向的根本问题上要多思考；

二、在影响公安工作全局的关键问题上要多思考；

三、在民警普遍关心的热点问题上要多思考；

四、在长期困扰单位建设的疑难问题上要多思考；

五、在新形势下出现的新问题上要多思考；

六、在群众呼声强烈的治安问题上要多思考。

6-368 一把手民主决策六忌

一、客观情况尚不明了时，忌主观臆断；

二、与副职未形成共识时，忌急于研究；

三、对问题没有充分把握时，忌抢先定调；

四、班子成员之间意见分歧较大时，忌简单表决；

五、当别人与自己意见相左时，忌压制异议；

六、和上级规定相违背时，忌打擦边球搞变通。

6-369 不当“六眼”干部

一、平时工作“眯着眼”；

二、遇到问题“闭上眼”；

三、有了好处“睁大眼”；

四、职务调整“瞪起眼”；

五、评价别人“斜着眼”；

六、看到金钱“红了眼”。

6－370　不做“六拍”干部

一、稀里糊涂“拍脑袋”；

二、哗众取宠“拍胸脯”；

三、家长作风“拍桌子”；

四、封官许愿“拍肩膀”；

五、奉承送礼“拍马屁”；

六、出了问题“拍屁股”。

6－371　当好副职的六个忠告

一、巧妙而又自然地当好一个大智若愚的配角；

二、谨慎而又审时度势地发挥好自己的特长；

三、积极而又准确地表达自己的见解；

四、大胆而又有限度地坚持自己的观点；

五、坦然而又主动地承担工作中的失误；

六、诚恳而又热情地将成绩归功于正职。

6－372　领导谋划思考问题“六个善”

一、登高眺远，善谋大事；

二、海纳百川，善于借鉴；

三、有预则立，善争先机；

四、系统整合，善驭全局；

五、举纲张目，善握关节；

六、知行统一，善执中道。

6-373 公安机关政工干部“六有”

一、有坚定的理想信念；

二、有良好的品德修养；

三、有厚实的政工基础；

四、有必备的公安素养；

五、有较强的开拓创新能力；

六、有求真务实的工作作风。

6-374 社会治安综合治理六个环节

一、打击：对违法犯罪行为进行惩罚和制裁；

二、防范：采取措施消除不安定因素，减少和降低犯罪实施的机会和条件；

三、教育：通过教育及行为引导，提高公民素质以预防和减少犯罪；

四、管理：调节社会关系，建立良好社会秩序，以减少社会治安问题；

五、建设：加强预防犯罪的组织建设、制度建设和法制建设；

六、改造：对已构成犯罪者进行教育改造，防止和减少重新犯罪。

6-375 纪检监察机关突破案件六法

一、心理突破法；

二、证据突破法；

三、审计突破法；

四、措施突破法；

五、矛盾问题突破法；

六、联合突破法。

——《中国纪检监察报》（2003年1月22日）

6－376　警惕腐蚀官员"六招"

一、物质引诱；

二、感情拉拢；

三、重金收买；

四、女色勾引；

五、投其所好；

六、设置陷阱。

6－377　六法全书

一、宪法；

二、民法；

三、商法；

四、刑法；

五、民事诉讼法；

六、刑事诉讼法。

——《辞海》，上海辞书出版社2002年版

注：《六法全书》是国民党统治时期，在继承中国封建法律和北洋政府法律基础上，搬用西方国家法律体系而制定的六种重要法典。中华人民共和国成立后，国民党政府制定的全部法律即被废除。

6—378 公安机关办理涉法事务六统一制度

一、检察机关要求公安机关说明不立案理由的，由法制部门统一受理后移交办案单位制作《不立案理由说明书》，报局领导审批后送检察机关。

二、检察机关认为不立案理由不能成立，通知公安机关立案的，由法制部门统一接收后，移交办案单位立案侦查。

三、控告人对公安机关不立案决定不服申请复议的，由法制部门统一受理答复。

四、当事人要求侦查人员回避的，由办案单位接受办理并报局领导审批决定；公安机关作出驳回申请决定、当事人不服申请复议的，由法制部门统一受理答复。

五、犯罪嫌疑人、取保侯审案件的保证人对公安机关没收保证金的决定，罚款决定不服申请复议的，由上一级公安机关法制部门统一受理、复核。

六、人民法院决定逮捕，人民检察院决定拘留、逮捕，通知公安机关执行的，由法制部门报局领导审批后，统一开具法律文书交刑侦部门执行。

6—379 撤诉案件六种情形

一、没有犯罪事实的；

二、情节显著轻微，危害不大，不认为是犯罪的；

三、犯罪已过追诉时效的；

四、经特赦令免除刑罚的；

五、犯罪嫌疑人死亡的；

六、其它依法不追究刑事责任的。

6—380 允许取保候审六种情形

一、可能被判处管制、拘役或者独立适用附加刑的；

二、可能被判处有期徒刑，采取取保候审，不致发生社会危害性的；

三、应当逮捕的犯罪嫌疑人患有严重疾病，或者是正在怀孕、哺乳自己不满一周岁婴儿的妇女；

四、对拘留的犯罪嫌疑人，证据不符合逮捕条件的；

五、提请逮捕后，人民检察机关不批准逮捕，需要复议复核的；

六、犯罪嫌疑人被羁押不能在法定期限内办结，需要继续侦查的。

6—381 审查证人证言六要素

一、证人是否具备证人资格；

二、证言来源是证人亲自听到的、看到的、还是听其它人说的；

三、证人提供证言是否受到威胁、利诱、欺骗、指使、收买等外界影响；

四、证人与案件有无利害关系；

五、证人的思想品质、文化水平、平时表现等情况；

六、证人证言与其它证据是否相互印证。

——《公安机关执法释义》，中国人民公安大学出版社2009年版

6—382 社区民警"六勤"

一、脑勤——多思；

二、嘴勤——多问；

三、眼勤——多看；

四、耳勤——多听；

五、腿勤——多跑；

六、手勤——多做。

6－383 巡逻勤务六种形式

一、徒步巡逻；

二、骑马巡逻；

三、自行车巡逻；

四、机动车巡逻；

五、空巡；

六、舟巡。

——《治安管理学》，中国人民公安大学出版社2000年版

6－384 易导致犯罪的六类精神病

一、精神分裂症；

二、躁狂抑郁性精神病；

三、偏执性精神病；

四、反应性精神病；

五、短暂性意识障碍；

六、癫痫。

6－385 道士“六阶”

一、天真道士；

二、神门道士；

三、山居道士；

四、出家道士；

五、在家道士；

六、祭酒道士。

注：道士为道教职业者，奉守道教经典规戒并熟悉各种斋醮、祭祷仪式的宗教人士。

6—386　灭火六要则

一、集中兵力打歼灭战；

二、先控制，后消灭；

三、救人第一；

四、确保重点，先重点后一般；

五、协同作战；

六、灵活运用灭火战术，灵活运用堵截包围、内外夹攻、上下合击、重点突破、逐片消灭等战术。

6—387　电信诈骗六大陷阱

一、冒充朋友、同学、同乡进行诈骗。拨打事主电话，诱导事主误认对方是自己以前的同学、同乡、朋友，随后以问候事主家人，要来探望事主等进一步获取信任，尔后谎称途中车祸或交通违法被抓向事主借钱救急，给其汇款。

二、利用对亲情关切进行诈骗。拨打事主电话谎称事主孩子被绑架、意外伤害、突发急病等，要事主火速汇款。家长救子心切，在恐慌心理下很易上当。

三、网上电话交友诈骗。在网络或报纸上登虚假交友信息，诱事主上当，在沟通中蒙惑事主以取得进一步信任，尔后谎称途中财物被盗或丢失，诱骗事主汇款。

四、冒充电信工作人员进行诈骗。拨打事主座机，播放事先录好的录音，谎称事主名下登记的电话有欠款欠费，要求在指定日期前补交欠费至“电信公司”账户，否则将通知公安机关等。

五、冒充公检法机关工作人员诈骗。拨打事主电话称事主账户涉嫌洗钱或诈骗犯罪，事主个人信息可能被冒用，存款可能受损等情节，要求配合公检法及银行工作，尔后电话指挥事主去银行或在自动柜员机，将存款转到诈骗人提供的“资产保护”账号。

六、冒充税务工作人员进行诈骗。利用非法途径获知事主购房购车等信息，拨打事主电话谎称可退还部分税款，但需事主配合操作并提供账号，进而套取账号密码，指挥事主转账等方式实施诈骗。

——浙江省公安厅《防范网络诈骗宣传手册》

6－388 防范病毒木马六招

一、安装正版防病毒软件并及时更新病毒库；

二、不要打开来源不明扩展名为exe、scr或vbs的邮件附件，也不要打开双扩展名的文件，如txt.vbs；

三、在下载或打开文件前做一下病毒扫描；

四、不要安装盗版软件，因为它们通常都包含病毒；

五、不要点击通过即时消息传递给您的链接；

六、不要浏览色情等不健康、不正规的网站，这些网站都是网页挂木马的高发地带。

——浙江省公安厅《防范网络诈骗宣传手册》

6－389　网银密码设置六要则

一、要按照银行要求设置登录密码，且要与常用网站如淘宝网的密码相区别；

二、网银的登录密码与银行账户的支付密码不要使用同一密码；

三、电子邮箱的登录密码经常被盗用，不要作为网银的登录密码；

四、不要用生日、电话、车牌等号码设置密码；

五、注册在网银上的不同账户，要设置不同支付密码；

六、建立密码文档，以避免密码遗忘或混淆发生账户锁定而无法登录，保护好文档的安全。

——浙江省公安厅《防范网络诈骗宣传手册》

6－390　网络游戏安全交易六招

一、申请并安装数字证书；

二、规范使用操作；

三、掌握网上银行安全使用技巧；

四、安装使用“反钓鱼专家”等安全软件；

五、购买游戏装备时，一定要选择可信的交易平台，不要泄露自己的账号信息；

六、不要浏览不健康的网站，防止中马而导致游戏账号、密码被盗。

——浙江省公安厅《防范网络诈骗宣传手册》

6－391　病毒木马发作六大特征

一、运行速度明显变慢；

二、产生特定图像；

三、未进行任何操作，硬盘灯闪烁

四、突然死机或重启；

五、鼠标自动处于繁忙状态；

六、在地址栏里不让搜索带有“杀毒”字样的文字，一旦出现网页自动强行关闭。

——浙江省公安厅《防范网络诈骗宣传手册》

6－392　互联网管理六项基本原则

一、坚持党对互联网管理工作的领导；

二、坚持社会主义先进文化的前进方向；

三、坚持重在建设；

四、坚持依法管理；

五、坚持自律和它律相结合；

六、坚持分级管理和属地管理相结合。

——中共中央办公厅、国务院办公厅《关于加强和改进互联网管理工作的意见》（中办发［2010］24号）

6－393　互联网管理六个体系

一、法律规范；

二、行政监管；

三、行业自律；

四、技术保障；

五、公众监督；

六、社会教育。

6—394 “六·二六”国际禁毒日

20世纪80年代，全球毒品蔓延泛滥，成为全人类公害，引起全世界关注。1987年6月，根据联合国秘书长建议，在奥地利首都维也纳召开了“麻醉品滥用和非法贩运问题”的部长级国际会议。这是一次有138个国家3000多名代表参加的大规模的国际禁毒会议。会议提出了“珍爱生命、远离毒品”的口号。6月26日大会结束时，一致通过决议，将每年的6月26日定为国际禁毒日，以引起全世界对毒品问题的关注和重视。

6—395 禁毒宣传“六进”

进社区、进学校、进农村、进单位、进家庭、进场所。

——国家禁毒委2008年10月7日《关于印发〈禁毒法〉集中宣传行动方案的通知》

6—396 看守所要严防六类重大恶性事故

一、在押人员暴狱；

二、在押人员劫持人质或持武器、凶器强行冲监脱逃；

三、在押人员集体（3人以上）越狱脱逃；

四、在押人员打死在押人员；

五、在押人员行凶致工作人员重伤或死亡；

六、其它影响恶劣的重大恶性事故。

6—397 看守所教育设施建设六个室

一、教室；

二、谈话室；

三、文体活动室；

四、图书阅览室；

五、电化教育室；

六、心理咨询室。

——《浙江省公安厅关于在全省看守系统广泛开展“为人民服务，树公安新风”的通知》（浙公审［1997］8号）

6–398　看守所在押人员学习教育“六个一”

一、每天给监室发一份报纸；

二、每天收看一次电视新闻；

三、每周写一篇学习改造体会；

四、每月读一本好书；

五、每月对每个在押人员进行一次谈话教育；

六、每月上一堂法律、政策、形势等内容的集体大课。

——《浙江省公安厅关于在全省看守系统广泛开展“为人民服务，树公安新风”的通知》（浙公审［1997］8号)

6–399　违反道路交通安全法的六种处罚

一、口头警告；

二、警告；

三、罚款；

四、暂扣或者吊销机动车驾驶证；

五、扣留机动车或非机动车；

六、拘留。

——《中华人民共和国道路交通安全法》，2007年12月29日中华人民共和国第十届全国人民代表大会常务委员会第三十一次会议通过

6－400 斯登六问术

一、决定问：审讯人员提出的问题不是确定的，而带有一定疑问的问话，任由犯罪嫌疑人自由决定其回答的内容；

二、完全选言问：审讯人员就某一问题提出多种可能，令犯罪嫌疑人从中选择一种可能作为回答，这种发问有一定的限定和暗示性；

三、不完全选言问：就是在质问已提出的确定性答案，令被讯问人回答“是”与“不是”，这种发问比前一种发问具有更强暗示性；

四、期待问：即审讯人员提出的问题，期望犯罪嫌疑人作出肯定或否定的回答的一种发问方式；

五、前提问：即审讯人员以某种问题是客观存在为前提，要求犯罪嫌疑人回答；

六、附加问：就是对犯罪嫌疑人回答的问题，再进一步提出质问，以求回答完全。

——《中国公安大百科全书》，吉林人民出版社2000年版

注：法国学者斯登根据审讯的实践归纳出来六种向犯罪嫌疑人发问的方法，在西方国家有广泛影响。

7—401 党的七大纪律

政治纪律、组织纪律、宣传纪律、人事纪律、群众纪律、保密纪律、外事纪律。

7—402 从严治警七要素

一、严之有理；

二、严之有据；

三、严之有情；

四、严之有度；

五、严之有方；

六、严之有公；

七、严先于己。

7—403　香港警察七条行为指引

一、坚决反对并举报贪污勾当及不当行为；

二、除非为执行任务，避免与不良分子交往；

三、不损害或滥用公职身份；

四、避免公务上的利益冲突；

五、保护个人及机密资料；

六、以公正平和的态度处理事情，不可歧视他人；

七、避免赌博无度，作高度投机性投资，过度举债及置身于无力偿还债务的境地。

7—404　武经七书

一、《孙子兵法》

二、《吴子兵法》

三、《六韬》

四、《司马法》

五、《尉缭子》

六、《三略》

七、《李卫公问对》

注：《武经七书》是北宋朝廷作为官书颁行的兵法丛书，是中国古代第一部军事教科书。《武经七书》共25卷。是从当时流行的340多部中国古代兵书中挑选出来的，作为武学经典。它是中国古代兵书的精华，是中国军事理论殿堂里的瑰宝。它不仅是中华民族的精神财富，也是世界人民共同的精神财富。它奠定了中国古代军事学的基础，对中国和世界发展近

代、现代军事科学起了积极的作用。校定、颁行《武经七书》，是北宋朝廷在军事理论建设上的一个贡献。

7—405 领导干部要分清的七个界限

一、马克思主义同反马克思主义的界限；

二、社会主义公有制为主体，多种经济成分共同发展同私有化的界限；

三、社会主义民主同西方社会民主的界限；

四、辩证唯物主义同唯心主义形而上学的界限；

五、社会主义思想同封建主义、资本主义腐朽思想的界限；

六、学习西方先进东西同崇洋媚外的界限；

七、文明健康生活方式同消极颓废生活方式的界限。

——江泽民1996年3月3日《关于讲政治》

7—406 考察干部分清七个界限

一、果断与武断的界限；

二、成熟与圆滑的界限；

三、顾大局与“和稀泥”的界限；

四、坚持原则与保守顽固的界限；

五、敢抓敢管与方法简单的界限；

六、上进心强与争名逐利的界限；

七、工作暂无起色与自身能力差的界限。

7—407　领导干部“七慎”

慎始、慎微、慎独、慎好、慎权、慎行、慎终。

7—408　领导干部要防“七个化”

一、防信仰虚无化；
二、防工作名利化；
三、防纪律松弛化；
四、防生活特殊化；
五、防关系庸俗化；
六、防权力商品化；
七、防原则感情化。

7—409　公安机关内设执法勤务机构警员七级职务序列

一、一级警长；
二、二级警长；
三、三级警长；
四、四级警长；
五、一级警员；
六、二级警员；
七、三级警员。

——《公安机关组织管理条例》，2006年11月1日国务院第154次常务会议通过

7—410　公安民警廉洁从警七条基本要求

一、坚定信念，对党忠诚；

二、忠于祖国，崇尚法制；

三、牢记宗旨，服务人民；

四、严格执法，文明办案；

五、爱岗敬业，服务大局；

六、遵纪守法，清正廉明；

七、品行端正，遵守公德。

——《公安廉政文化丛书》，群众出版社2008年版

7—411　七岁以下当死不加刑

《唐律》中有关七岁以下的幼童，触犯成年人应当处以死刑的法律条款，对该幼童不予处罚。《唐律》还规定犯罪时年纪幼小，案发时已经长大，仍按违法时年龄决定是否处罚，这是《唐律》对未成年人的一种保护。

7—412　七类严重刑事案件

杀人、伤害致死、爆炸、放火、强奸、绑架、劫持。

7—413　易导致犯罪的七类变态人格

一、偏执型变态人格；

二、情绪型变态人格；

三、强迫型变态人格；

四、意志薄弱型变态人格；

五、循环型变态人格；

六、爆发型变态人格；

七、怪癖型变态人格。

7—414 世界七大邪教

一、太阳圣殿教；

二、人民圣殿教；

三、上帝之子；

四、大卫支派；

五、奥姆真理教；

六、天堂之门；

七、恢复上帝十诫运动。

——何秉松《恐怖主义·邪教·黑社会》，群众出版社 2001年版

注：邪教是毒害心灵、泯灭人性、摧残生命、危害社会的反人性、反社会、反人类的邪恶（宗教）组织。通常由新兴宗教蜕化而成，其共同特点是：神化教主，对教徒实行精神控制；编造神秘主义和神灵疗法，使教徒失去理智、财富、肉体、甚至生命；无情地剥夺教徒钱财，以满足教主及其骨干的奢侈生活之需；有严格的内部纪律，用以维护教主的奴役和统治。

7—415 可以调解处理的七类案件

一、殴打他人、故意伤害案件；

二、侮辱、诽谤案件；

三、诬告、陷害案件；

四、故意损坏财物案件；

五、侵犯隐私案件；

六、干扰他人正常生活案件；

七、法律规定的其它案件。

——《公安机关执法释义》，中国人民公安大学出版社2009年版

7-416　不可调解处理的七类案件

一、雇凶伤害他人的案件；

二、结伙斗殴的案件；

三、寻衅滋事的案件；

四、多次实施违反治安管理行为的案件；

五、当事人明确表示不愿意调解处理的案件；

六、当事人在治安调解过程中又挑起事端的案件；

七、其它不宜治安调解的案件。

——《公安机关执法释义》，中国人民公安大学出版社2009年版

7-417　美国反恐“七剑下天山”

一、成立国土安全部；

二、改革联邦调查局和中情局；

三、突出地方警察在反恐中的地位和作用；

四、坚持美国的反恐原则；

五、加强和完善反恐立法；

六、扩大警察权力；

七、加强关键信息基础设施的保护。

7—418 七类网络成瘾综合症

一、类精神分裂型网络成瘾综合症；
二、焦虑型网络成瘾综合症；
三、强迫型网络成瘾综合症；
四、抑郁型网络成瘾综合症；
五、恐惧型网络成瘾综合症；
六、人格异化型网络成瘾综合症；
七、混合型网络成瘾综合症。

——卫生部医政司《戒毒健康教育手册》2009年

注：网络成瘾综合症是指在网络成瘾症基础上，出现焦虑、抑郁、强迫、恐惧类精神分裂症的症状及人格障碍。对社会、家庭和成瘾者带来一系列问题，必须及早对症治疗。一般情况下，经有效治疗后，这些症状会逐步消除和缓解。

7—419 西方国家废除死刑的七条理由

一、死刑违反人道，易增长人的残酷性；
二、死刑不可挽回，误判后果严重；
三、死刑不是防止犯罪的有效手段；
四、死刑无程度差别，非公平或合理的刑罚；
五、死刑并非唯一的社会永久隔离的方法；
六、死刑对被害人无裨益；
七、死刑不能使受刑人复归社会，无教育效果。

8—420 党的执政方式八字原则

总揽全局，协调各方。

——《党章学习读本》，红旗出版社2007年版

8—421 执行党纪八字方针

惩前毖后、治病救人。

——《中共中央关于加强党的执政能力建设的决定》，2004年9月19日中国共产党第十六届中央委员会第四次全体会议通过

8—422　党的作风建设“八个坚持八个反对”

一、坚持解放思想、实事求是，反对因循守旧、不思进取；

二、坚持理论联系实际，反对照搬照抄、本本主义；

三、坚持密切联系群众，反对形式主义、官僚主义；

四、坚持民主集中制，反对独断专行、软弱涣散；

五、坚持党的纪律，反对自由主义；

六、坚持艰苦奋斗，反对享乐主义；

七、坚持清正廉洁，反对以权谋私；

八、坚持任人唯贤，反对用人上的不正之风。

——《中共中央关于加强和改进党的作风建设的决定》，2001年9月26日中国共产党第十五届中央委员会第六次全体会议通过

8—423　社会主义荣辱观“八荣八耻”

一、以热爱祖国为荣，以危害祖国为耻；

二、以服务人民为荣，以背离人民为耻；

三、以崇尚科学为荣，以愚昧无知为耻；

四、以辛勤劳动为荣，以好逸恶劳为耻；

五、以团结互助为荣，以损人利己为耻；

六、以诚实守信为荣，以背信弃义为耻；

七、以遵纪守法为荣，以违法乱纪为耻；

八、以艰苦奋斗为荣，以骄奢淫逸为耻。

——《公民道德实施纲要》，中共中央2001年10月23日颁发

8—424 新世纪以来，党中央“八个一号文件”

一、2004年：《关于促进农民增加收入若干政策的意见》；

二、2005年：《关于进一步加强农村工作　提高农业综合生产能力若干政策的意见》；

三、2006年：《关于推进社会主义新农村建设的若干意见》；

四、2007年：《关于积极发展现代农业　扎实推进社会主义新农村建设的若干意见》；

五、2008年：《关于切实加强农业基础建设　进一步促进农业发展农民增收的若干意见》；

六、2009年：《关于促进农业稳定发展　农民持续增收的若干意见》；

七、2010年：《关于加大统筹城乡发展力度　进一步夯实农业农村发展基础的若干意见》；

八、2011年：《关于加快水利改革发展的决定》。

注：农业是国民经济的基础。为解决城乡发展不平衡问题，党和中央采取一系列重大举措促进农业农村发展，连续8年下发“一号文件”，建设社会主义新农村，全面取消农业税，免除农村义务教育阶段学杂费，建立新型农村合作医疗、农村最低生活保障制度和新型农村社会养老保险制度等。“好风凭借力，惠农正当时”，连续8个中央一号文件，充分体现了党中央关注“三农”问题，健全强农惠农政策体系，扎实推进社会主义新农村建设的坚定决心。

8—425 狱中八条

一、防止领导成员腐化；

二、加强党内教育和实际斗争锻炼；

三、不要理想主义，对上级也不要迷信；

四、注意路线问题、不要从“右”跳到“左”；

五、切勿轻视敌人；

六、重视党员特别是领导干部的经济、恋爱和生活作风问题；

七、严格进行整党整风；

八、惩办叛徒特务。

注：狱中八条是1949年11月牺牲在渣滓洞、白公馆的共产党员，通过脱险的罗广斌同志向党提出的一份建议。是烈士鲜血和生命凝铸出来的，它朴实无华，却揭示了党内生活和社会生活中一些规律性的东西，至今仍有巨大的震撼力。

8—426 人民警察职业道德八项规范

一、对党忠诚：坚定信念、听党指挥，维护宪法、忠于祖国；

二、服务人民：热爱人民、甘当公仆，爱憎分明、除害安良；

三、秉公执法：不徇私情、不畏权势，严禁逼供、不枉不纵；

四、清正廉明：艰苦奋斗、克己奉公，防腐拒贿、不沾不染；

五、团结协作：顾全大局、通力协作，相互尊重、相互支持；

六、勇于献身：忠于职守、业精技强，机智勇敢、不怕牺牲；

七、严守纪律：服从领导、听从命令，遵守制度、保守机密；

八、文明执助：谦虚谨慎、不耍特权，礼貌待人、警容严整。

——《人民警察职业道德规范》（公安部公发［1994］1号）

8—427 人民警察“八大纪律十项注意”

八大纪律：一、服从命令听从指挥；二、遵守政策遵守纪律；三、不准泄露国家秘密；四、不准侵犯群众利益；五、不准贪污受贿；六、不准刑讯逼供；七、不准包庇坏人；八、不准陷害好人。

十项注意：一、立场坚定敌我分明；二、坚定勇敢沉着机智；三、多办好事服务人民；四、说话和气办事公平；五、敬老爱幼尊重妇女；六、注意礼貌讲究风纪；七、尊重群众风俗习惯；八、纠正违章不准刁难；九、执行政策作好宣传；十、劳动学习全面锻炼。

——《公安人员八大纪律十项注意》（1958年全国公安工作会议通过）

8－428　八旗兵满万不可敌

八旗兵是清代努尔哈赤兵制。八旗为：正黄、正白、正红、正蓝、镶黄、镶白、镶红、镶蓝旗。每旗下辖五参领，每参领下辖五佐领，每佐领率兵三百，每旗兵力七千五百人，八旗总兵力为六万人，后增设“蒙古八旗”与“汉军八旗”，总兵力十万人。由于努尔哈赤练兵刻苦、军纪严明，将士骁勇善战、攻无不克，故有“八旗兵满万不可敌”之美称。

——《辞海》，上海辞书出版社2002年版

8－429　八股文

八股文是明清科举考试的一种文体。每篇文章均按一定的格式、字数，由破题、承题、起讲、入手、起股、中股、后股、束股八部分组成。

注：“破题”是用两句话将题目的意义破开；“承题”是承接破题的意义而说明之；“起讲”为议论的开始；“入手”为起讲后入手之处；“起股、中股、后股、束股”才是正式议论，以“中股”为全篇重心。在这四股中，每股又都有两股排比对偶的文字，合共八股，故名八股文。一篇八股文的字数，清顺治时定为550字，康熙时增为650字，后又改为700字。从教育的角度而言，作为考试的文体，八股文从内容到形式都很死板，无自由发挥的余地。但也并非一无是处，其写作理论和技巧可为后人借鉴。

8—430　21世纪领导干部八项素质

一、坚定正确的政治立场；

二、深厚扎实的理论素养；

三、宽广敏锐的世界眼光；

四、勇于开拓的创新精神；

五、多谋善断的决策能力；

六、求真务实的工作作风；

七、拒腐防变的自律意识；

八、坚实丰厚的知识根底。

——胡锦涛2000年12月16日《在全国"三讲"教育工作总结会议上的讲话》

8—431　掌握批评八种方式

直言式、渐进式、商讨式、提醒式、迂回式、参照式、发问式、褒贬式。

8—432　公安机关及其内设综合管理机构警员八级职务序列

巡视员、副巡视员、调研员、副调研员、主任科员、副主任科员、科员、办事员。

——《公安机关组织管理条例》，2006年11月1日国务院第154次常务会议通过

8—433 涉警舆情处置八字要诀

一、及时：第一时间发布权威信息，公布事实真相；

二、主动：跟踪事态发展走向，主动发布正确信息；

三、准确：用事实说话，以正视听；

四、统筹：统筹考虑，综合研判，把握分寸，掌握尺度。

8—434 人民警察八字核心价值观

忠诚、为民、公正、廉洁。

8—435 听证主持人八项职权

一、确定听证时间、地点；

二、决定听证是否公开进行；

三、要求听证参加人到场听证，提供或补充证据；

四、决定听证延期、中止或终止；

五、主持听证，并就案件的事实、理由、证据、程序、适用法律及组织质证和辩论；

六、维持听证秩序，对违反听证纪律行为予以制止；

七、决定其它听证员、记录员的回避；

八、依法享有的其它职权。

——《公安机关办理行政案件程序规定》，2006年3月29日公安部部长办公会议通过

8—436　“八议”制度

一、议亲：指皇亲国戚；

二、议故：指皇帝的故旧；

三、议贤：指依封建标准德高望重的人；

四、议能：指统治才能出众的人；

五、议功：指对国家有大功勋者；

六、议贵：指上层贵族官僚；

七、议勤：指为国家服务勤劳有大贡献的人；

八、议宾：指前朝贵族及其后代。

注：“八议”制度是指我国封建社会法律规定的八类权贵人物犯罪以后，“大罪必议，小罪必赦”，享受特殊优待，司法机关不得擅做处理的制度。上述八种人犯了死罪，官府不能直接定罪判刑，而要将他的犯罪情况和特殊身份报到朝廷，由负责官员集体审议，提出意见，报请皇帝裁决。如果他们犯一般罪，都要减一等论罪；如果犯十恶罪，则不适用上述规定。

8—437　刑事案件证据八大类

一、原始证据；

二、传来证据；

三、言词证据；

四、实物证据；

五、有罪证据；

六、无罪证据；

七、直接证据；

八、间接证据。

——《人民警察实用知识全书》，中国人民公安大学出版社1999年版

8－438　行政案件证据八大类

一、书证；

二、物证；

三、视听资料、电子数据；

四、证人证言；

五、受害人陈述；

六、违法嫌疑人陈述和申辩；

七、鉴定检测结论；

八、勘验、检查笔录。

——《公安机关办理行政案件程序规定》，2006年3月29日公安部部长办公会议通过，同日施行。

8－439　使用驱逐性、制服性警械八种情形

一、结伙斗殴、殴打他人、寻衅滋事、侮辱妇女或者进行其它流氓活动的；

二、聚众扰乱车站、码头、民用航空站、运动场所等公共场所秩序的；

三、非法举行集会、游行、示威的；

四、强行冲越警察为履行职责设置的警戒线的；

五、以暴力方法抗拒或者阻碍警察依法履行职责的；

六、袭击人民警察的；

七、危害公共安全、社会秩序和公民人身安全，其行为需要当场制止的；

八、法律、行政法规规定可以使用警械的其它情形。

——《中华人民共和国人民警察使用警械和武器条例》，1996年1月8日国务院第41次常务会议通过

8—440　预防人身被伤害八个防止

一、防止因交往不慎而被伤害；

二、防止因矛盾激化而被伤害；

三、防止因首先实施非礼行为而被伤害；

四、防止因财而被伤害；

五、防止因奸情而被伤害；

六、防止因婚恋家庭纠纷而被伤害；

七、防止因打架斗殴而被伤害；

八、防止因不适当反抗、追捕而被伤害。

8—441　女性预防性侵害八个忠告

一、防止在性犯罪发案高峰期内被侵害；

二、防止因交往不慎被侵害；

三、防止因疏于防范被侵害；

四、防止因单独活动被侵害；

五、防止因作风轻佻被侵害；

六、防止因离家出走被侵害；

七、防止因不愿报案屡遭侵害；

八、防止因不讲策略被侵害。

8—442 性变态八类

一、同性恋；
二、异装癖；
三、恋物癖；
四、施虐狂；
五、窥阴癖；
六、露阴癖；
七、摩擦癖
八、其它性变态（恋兽癖、恋童癖、恋尸癖等）。

——《犯罪学概论》，中国政法大学出版社2007年版

8—443 世界八支著名反恐精英队伍

一、以色列反恐特警队；
二、美国迈阿密警察特勤队；
三、美国联邦警察“霹雳小组”；
四、德国边防第九大队；
五、奥地利“眼睛蛇”特警部队；
六、加拿大“灰衣人”特警部队；
七、中国香港“飞虎队”；
八、俄罗斯阿尔法与信号旗。

8—444 消防管理处罚八种

一、警告；
二、罚款；

三、没收；

四、拘留；

五、责令停止使用；

六、责令停产停业；

七、责令停止施工；

八、责令停止举办。

——《警察法学教程》，警官教育出版社1999年版

8－445 消弭火灾八法

一、街弄宜改宽广；

二、墙壁宜戒竹木；

三、取水宜求近便；

四、火油宜有限制；

五、保险宜广推行；

六、救火宜贵神速；

七、火匪宜予严惩；

八、火头宜加严罚。

——《中国消防通史》，群众出版社2002年版

注：1898年10月1日，汉口发生一起因赌博斗殴击倒油灯而引发的火灾事故，烧死数千人，火毁一万六千余户，过火面积纵横十余里。火灾后，汉口百物骤贵，灾民烂额焦头，风餐露宿，见者无不恻然。《申报》就此发表《弭火患说》，提出了预防火灾的八项办法。

8－446 网银安全八条对策

一、仔细核对网站链接，确保登陆的是正确的网站；

二、不要找开邮件中未经验证的网络链接，银行从不在邮件中给你发送网站链接；

三、使用安全的浏览器工具栏；

四、防止网上钓鱼；

五、使用登陆界面显示的软键盘输入密码；

六、不要让他人使用你的电脑，不要在电脑中保存登陆信息；

七、保管好网银证书和密码，遗失尽快办理更换手续；

八、养成良好的网银使用习惯，不在网吧及公共场所使用网上银行，每次使用后要及时退出，并拔离你的usbkey，定期查看交易明细并核对账单。

——浙江省公安厅《防范网络诈骗宣传手册》

8－447　海洛因成瘾者八大特征

一、食欲不振，两眼无神，逐渐消瘦；

二、生活无规律，工作无精打采，手臂、大腿针眼密布；

三、房间内藏有毒品或吸毒工具，厕所内常留有注射时滴溅的血迹；

四、行动鬼祟，反应迟钝，记忆力下降，缺少人格尊严；

五、死磨硬缠向父母或亲友要钱、借钱，有的干脆偷家中或单位财物；

六、性功能减退或消失，男性多见消瘦、早泄；

七、情绪不稳定，易冲动激怒，也有成瘾者悲观抑郁，常哈欠连连，神情失态，其实是毒瘾发作；

八、身体抵抗力低下，易伴发各种躯体感染和传染病。

——《戒毒健康教育手册》，卫生部医政司2009年

8—448 看守所文明管理八项承诺

一、对在押人员依法实行文明管理，不打骂、不体罚虐待、不侮辱人格；

二、保障在押人员依法享有的辩护、上诉、申诉、举报、控告等权利；

三、保障良好的监内秩序，有效防止和打击在押人员欺侮在押人员的行为；

四、保证在押人员的基本生活条件，伙食按规定标准供应，保持监室清洁卫生，定期组织在押人员理发、洗澡，保证每日必要的户外活动时间，有病及时治疗；

五、全体民警做到廉洁自律，不接受在押人员亲属的吃请，不索要、收受在押人员及其亲属的钱物；

六、对于民警的违法、违纪行为，在押人员及其亲属均有权举报，公安机关要依法受理，认真查处；

七、对因公来所人员要热情服务、提供方便，对来所送物的在押人员亲属要热情接待、文明礼貌，按规定不能接见、送物的要耐心解释，不得刁难；

八、主动邀请各级人大代表、政协委员来所视察，自觉接受监督。

——公安部1998年印发的《关于开展“严格执法，文明管理”看守所创建活动的通知》

8—449 禁止客运的八类车辆

一、货运车；

二、摩托车；

三、拖拉机；

四、残疾人专用车；

五、农用车；

六、拼装客车；

七、擅自改装或改型的客车；

八、已达报废标准的客车。

——《浙江省道路客运安全管理办法》，2001年2月20日省人民政府第47次常务会议通过，2001年4月1日起施行

8—450　影响行车安全的八种不良心理

一、兴奋心理：情绪亢奋，得意忘形，手舞足蹈；

二、好胜心理：见空就钻，见慢就超，你超我赶；

三、猎奇心理：喜凑“热闹”，东瞅西望，精力分散；

四、优越心理：车型高档，单位特殊，自恃技术过硬；

五、冒险心理：警示标志，熟视无睹，我行我素；

六、灰色心理：事不顺心，忧心忡忡，情绪低落；

七、紧张心理：突遭意外，惊慌失措，应对失误；

八、厌倦心理：长途行驶，腻烦厌倦，神经松弛。

8—451　不准出入境的八类人员

一、未持出境、入境证件的；

二、持无效出境、入境证件的；

三、持用他人出境、入境证件的；

四、持用伪造或者涂改出境、入境证件的；

五、拒绝接受边防检查的；

六、未在限定口岸通行的；

七、国务院公安部门、国家安全部门通知不准出境入境的；

八、法律、行政法规规定不准出境、入境的。

——《中华人民共和国出境入境边防检查条例》，1995年7月6日国务院第34次常务会议通过

9—452 九章算术

一、方田：共38个问题，论述面积的计算；

二、粟米：共46个问题，论述各种粮谷交换的比例问题；

三、衰分：共20个问题，论述如何按等级分配物资、摊派税收；

四、少广：共24个问题，论述由面积和体积反求边长；

五、商功：共28个问题，论述工程中的体积计算，和按季节、劳力、土质等情况计算土方量与人力配置；

六、均输：共28个问题，论述如何按人口多少、物价高低、路途远近等条件，合理收税和派工；

七、盈不足：共20个问题，提出两个未知数的问题，告知某些相关余数、再求解；

八、方程：共18个问题，论述有二至六个未知数的一次联列方程组的解法；

九、勾股：共24个问题，论述用勾股定理来计算长度问题。

注：《九章算术》是中国古代影响最大的数学著作，始见于《周礼》记载，成书约公元前一世纪。如果《几何原理》是西方数学的《圣经》。那么《九章算术》可谓是中国数学的《圣经》，它奠定了中国古代数学的基石，对后世研究、运用数学起了范本作用，是历代官学的必修课。

9-453 武术技法“九型”

一、动如涛；

二、静如岳；

三、起如猿；

四、落如鹊；

五、立如鸡；

六、站如松；

七、转如轮；

八、轻如叶；

九、重如铁。

——《中国公安百科全书》，吉林人民出版社1989年版

9-454 对生命与人生的九点感悟

一、生命是蛋白质存在的一种形式。人的生命力，就是人所具有的生存、发展能力。（现代汉语词典）

二、爱就是生命的本身。（列夫·托尔斯泰）

三、生命就是从自己的哭声中开始，又在别人的泪水中结束。（一位西方哲人）

四、生命是人体的一种灵光，闪现灵光即意味着生命的存在，失去灵光即意味着生命的终结。

五、人从降生那天起，死亡就开始向生命招手；生是一种短暂，死却是一种永恒。

六、在生命的旅途中，总是伴随着欢乐与痛苦，潜藏着希望与悲凉，充满着生命与死亡的抗争。

七、你虽然不能决定生命的长度，但却可以扩展生命的宽度，还可以增加生命的厚度，并由此提升生命的重度。

八、你虽不能全然预知明天，但你却可能充分利用今天；你虽不能期望事事顺心，但你却可能做到事事尽心，倘若你能这样去做，那你的人生半径必将是较大的，你生命的分量也将会是厚重的。

九、漫漫人生路上，你虽然也会遇到阴影，但这并不重要，只要你转身面向阳光，阴影就会躲在你的身后。

9—455　领导干部“九要九不要”

一、要解放思想，与时俱时，科学判断，准确把握形势和任务；不要因循守旧，固步自封，一知半解而贻误全局。

二、要深入基层，调查研究，掌握实情，创造性地开展工作；不要脱离基层，脱离实际，搞违背实际的瞎指挥。

三、要讲实话、报实情；不要弄虚作假、报喜不报忧。

四、要严格执行法令及警令；不要阳奉阴违、有禁不止。

五、要增强忧患意识，依法打击、惩治犯罪；不要麻痹大意，玩忽职守，无所作为。

六、要维护公民合法权益，尊重和保障人权；不要要特权、抖威风，侮辱人格、侵犯人权。

七、要认真受理群众报警求助，为群众做好事、办实事、解难事；不要冷、硬、横、推，与民争利。

八、要廉洁自律，奉公守法；不要以权谋私，贪赃枉法，为犯罪分子充当“保护伞”。

九、要艰苦奋斗，勤俭节约；不要贪图享受，用公款大吃大喝和高档娱乐消费。

——周永康2004年2月11日《在全国公安厅局纪委书记会议上的讲话》

9—456　领导干部“九要”

一、对单位各项工作要全面掌握；

二、对自己分管工作要全力以赴；

三、对别人分管工作要主动配合；

四、工作上出现分歧时要主动协调；

五、单位发生问题时要主动担责；

六、别人遇到困难时要主动关心；

七、别人进步比自己快时要虚心学习；

八、在荣誉面前要主动谦让；

九、别人出现错误时要主动帮助。

9—457　全国“二十公”概括的公安工作九条基本经验

一、坚持党对公安工作的绝对领导；

二、坚持服从服务于经济建设这个中心；

三、坚持全心全意为人民服务的宗旨；

四、坚持把维护稳定置于公安工作的首位；

五、坚持打防结合预防为主的方针；

六、坚持专门工作与群众路线相结合；

七、坚持与时俱进、改革创新；

八、坚持科技强警战略；

九、坚持从严治警、依法治警。

9—458 九卿会审

我国古代审理案件的一种制度。对特别重大案件由中央九个部门的官员集体会审，以求公正和防止错案发生。这种制度始于唐朝，明朝洪武17年，建立了三法司联合审判组织，负责对大狱重囚的会审。到清朝，除三司会审外，还建立了九卿会审制度，即由吏、户、礼、兵、刑、工六部，都察院、通政使司和大理寺的九位长官共同组成的中央最高一级审判组织，其判决的案件须报皇帝核准后，方能执行。

——《中国文史百科》，浙江人民出版社1998年版

9—459 九朝律考

一、《汉律考》；

二、《魏律考》；

三、《晋律考》；

四、《梁律考》；

五、《陈律考》；

六、《后魏律考》；

七、《北齐律考》；

八、《后周律考》；

九、《隋律考》。

注：《九朝律考》为汉至隋9个朝代的法律史考，共九部二十卷，1927年初版，为程树德编著，是研究中国古代社会法律制度的重要参考资

料。程树德(1877—1944)，中华民国时期政府官员，中国法律史学家。作者鉴于唐代以前的法典散失无存,从现存史籍中,收集公元前2世纪至公元7世纪间各种零散的法律资料，逐一考订，按朝代依次分类辑录，编成本书。

9—460 汉律九章

盗律、贼律、囚律、捕律、杂律、具律、户律、兴律、厩律。

注：汉高祖统一中国后制定、颁行的九篇法典，又称九章律。前六篇源于李悝的《法经》，后三篇属新增的关于户口、赋役、兴造、畜产、仓库等项的法规。《九章律》通用于西汉、东汉四百余年，对两汉的社会稳定，政治、经济、文化的正常发展起到了保障作用。更重要的是，汉以后的历代法律大多以《汉律》为蓝本，它被誉为律令之宗，“百代不易之道”。

9—461 派出所装备“九小件”

警棍、警绳、警用头盔、警戒带、约束带、手铐、强光手电、高音喊话器、防刺背心。

9—462 病理性赌博症的九大特征

一、经常想着赌博，并为赌博四处弄钱；

二、开始只想赌一小会，实际经常超过预想，赌注也大过预算；

三、如果输了，总想着把赌本赢回来；

四、因故不能去赌，会坐立不安，情绪不稳，甚至莫名发怒；

五、赌博会带来快感，如果增加赌注或延长赌博时间，则能达到极度的兴奋；

六、由于赌博而影响正常学习、工作和生活；

七、为赌博放弃原来的爱好和社交文娱活动；

八、曾多次想戒赌；

九、十分清楚赌博的危害，也清楚无法支付的赌资，但仍无法控制自己不去赌博。

——《健康教育手册》，卫生部医政司2009年

注：专家认为，有以上特征中的4项，就可认定为病理性赌博，需予以必要的对症治疗。

9－463 网络成瘾的九类症状

一、上网占据了患者整个思想与行为，表现为强烈的心理渴求与依赖；

二、为获得满足感不断增加上网的时间和投入的程度；

三、停止或减少上网会产生情绪低落、烦躁不安、焦虑和易激怒等戒断反应；

四、上网导致睡眠节律紊乱、倦怠、颤抖、视力减退、头痛头晕、食欲不振等躯体症状；

五、将上网视为缓解痛苦的唯一办法；

六、想控制减少或停止上网努力一再失败；

七、对他人隐瞒迷恋网络的程度；

八、因使用网络而放弃其它爱好和活动；

九、因上网导致社会功能受损，如辍学、失业、人际关系冲突等（此条为诊断网络成瘾症所必须）。

——《戒毒健康教育手册》，卫生部医政司2009年

注：网络成瘾症是指在无外源性成瘾物质作用下的上网行为的冲动失控，是一种行为成瘾，表现为由于过度使用互联网而导致个体明显的社

会、心理、生理功能损害。根据网络成瘾的临床特点、严重程度，通常可分为网络成瘾症和网络成瘾综合症两大类。网络成瘾症对青少年危害极大，应早发现早治疗。

9—464 中国公民出入境九类证件

一、中华人民共和国护照；

二、中华人民共和国旅行证；

三、中华人民共和国海关证；

四、前往港澳通行证；

五、往来港澳通行证；

六、港澳居民来往内地通行证；

七、大陆居民往来台湾通行证；

八、台湾居民来往大陆通行证；

九、边民出境证。

9—465 埃德温·萨瑟兰犯罪学“不同接触理论”九个观点

一、犯罪行为是通过学习得来的，换言之，即这种行为不是由遗传而来的；

二、犯罪行为是在与别人交际过程中相互影响学会的；

三、犯罪行为最主要部分的学习发生在有密切的个人关系的群体之中，传播媒介只起相对次要作用；

四、犯罪行为学习有的相当复杂，有的相当简单，包括学习犯罪动机、欲望、技巧、文饰能力和心态等心理方面的内容；

五、犯罪动机和态度的习得与人们对法律正反两方面的解释有关；（有的群体把法律解释为必须遵守的规范，而另一些群体对法律予以否定，个人与后一群体交往就会习得犯罪动机和态度。)

六、如果助长犯罪的解释，压倒抑制犯罪的行为模式，个人就会犯罪；

七、不同接触的效率因频率、持续时间、先后顺序和强度不同而有所差异；

八、学习犯罪行为的过程包括了在任何一种学习过程都起作用的全部机制，而不是简单的模仿过程；

九、尽管犯罪行为是一般需求和价值的反应，却不能用此来解释犯罪行为，因为非犯罪行为也是这些需求和价值的反映。（如取得财富可以是犯罪动机，也可以是努力工作的动机。）因此，动机本身不能成为犯罪的原因。

——埃德温·萨瑟兰《犯罪学原理》，1939年出版

注：不同接触理论提出的犯罪对策结论是：必须改变家庭、学校、职业和业余活动群体中的教育方式，把犯罪分子集中关押比较不妥，他们在狱中学习交流犯罪心态和技巧。如果想改变犯罪分子，就必须使他们纳入并适应强调守法的群体，而疏远犯罪群体。

9－466　德国联邦警察反腐败九条行为守则

一、以身作则，您可以通过自己的行为表明：您既不容忍也不支持腐败行为；

二、对他人的腐败，立即加以拒绝并通知反腐败工作联系人及您的上级；

三、估计有人会希望您违背职责、对其优先照顾，可请求某位同事为您作证；

四、注意使您的工作随时都能接受检查；

五、严格区分职务工作和个人私生活，检查您的个人利益是否会和公

务职责发生冲突；

六、支持您所在的机关揭露和查清腐败行为；

七、支持您所在的机关认清有助于滋生腐败现象的不完善的组织结构；

八、积极参加有关反腐败的培训和进修活动；

九、假如您已经受到了某件腐败行为牵连，应主动讲清事实，毫无保留地披露真相，把自己从时刻怕被发现的恐惧中解脱出来，如您的交代有助于查清案情的，在量刑和决定纪律处分时可能考虑对您从轻处理。

——赴德考察时根据联邦内政部提供资料翻译

9－467 "9.11"恐怖袭击事件

美国东部时间2001年9月11日上午，恐怖分子劫持4架民航客机、撞击美国纽约世界贸易中心和华盛顿五角大楼。包括美国纽约地标性建筑世界贸易中心双塔在内的6座建筑被完全摧毁，其它23座高层建筑遭到破坏，美国国防部总部所在地五角大楼也遭到袭击。共有2998人遇难，其中2974人被官方证实死亡，另外还有24人下落不明。这次事件是继第二次世界大战期间珍珠港事件后，历史上第二次对美国造成重大伤亡的袭击，也是人类历史上迄今为止最严重的恐怖袭击事件。该事件导致了全球范围内多国合作的反恐怖行动全面展开。

10—468　构建和谐社会十项任务

一、保持经济持续、快速、协调发展；

二、发展社会主义民主；

三、落实依法治国方略；

四、加强思想道德建设；

五、切实维护和实现社会公平正义；

六、增强社会创造活力；

七、加强社会建设和管理；

八、处理好新形势下人民内部矛盾；

九、加强生态环境建设和治理工作；

十、做好保障社会稳定工作。

10—469 执政为民的“十个基点”

一、诚心诚意为人民谋利益，从人民群众中汲取智慧和力量，始终保持党同人民群众血肉联系；

二、必须把人民利益放在第一位，把实现好、维护好、发展好最广大人民根本利益作为一切工作的出发点和落脚点；

三、权为民所用，情为民所系，利为民所谋；

四、把人民放在心中最高位置，尊重人民主体地位，尊重人民首创精神，把政治智慧增长、执政本领增强深深扎根于人民的创造性实践中；

五、坚持问政于民，问需于民，问计于民；

六、认真倾听群众呼声，真实反映群众愿望，真诚关心群众疾苦，依法保障人民群众经济、政治、文化、社会各项权益；

七、深入实际、深入基层、深入群众、做到知民情、解民忧、暖民心；

八、只有我们把群众放在心上，群众才会把我们放在心上，只有我们把群众当亲人，群众才会把我们当亲人；

九、坚持发展为了人民，发展依靠人民，发展成果由人民共享；

十、增进对群众的思想感情，增强服务群众本领，把服务群众，做群众工作行为基层党组织的核心任务和基层干部的基本职责，使基层党组织成为推动发展，服务群众，凝聚人心，促进和谐的坚强战斗堡垒。

——胡锦涛2011年7月1日《在庆祝中国共产党成立90周年大会上的讲话》

10—470 保持健康心理十条忠告

一、不让自卑伴随自己；

二、不让恐惧束缚自己；

三、不让烦恼缠住自己；

四、不让失败吓倒自己；
五、不让困难挡住自己；
六、不让金钱迷住自己；
七、不让干扰左右自己；
八、不让名利勾引自己；
九、不让惰性原谅自己；
十、不让机遇错过自己。

10—471　马洛斯健康心理十条标准

一、有足够的自我安全感；
二、了解自己，正确评价自己的能力；
三、不能脱离周围的现实环境；
四、生活理想切合实际；
五、保持人格的完整和谐；
六、善于从经验中学习；
七、保持良好的人际关系；
八、适度发泄和控制情绪；
九、在符合集体要求的前提下有限发展个性；
十、在不违背社会规范的前提下，恰当满足个人的基本要求。

10—472　带队伍十防

一、防投其所好“糊弄人”；
二、防迎合迁就“安抚人”；
三、防嘻嘻哈哈“老好人”；
四、防吃吃喝喝“拉拢人”；

五、防封官许愿“刺激人”；
六、防挥舞大棒“吓唬人”；
七、防弄虚作假“欺骗人”；
八、防出了问题“埋怨人”；
九、防明哲保身“局外人”；
十、防打击报复“陷害人”。

10—473 从政十德

一、坚定理想信念以立德；
二、牢记宗旨观念以守德；
三、加强学习教育以明德；
四、正确运用权力以行德；
五、注重克己自律以养德；
六、完善法制规定以律德；
七、强化管理监督以严德；
八、把握用人导向以崇德；
九、营造舆论氛围以扬德；
十、坚持常抓不懈以重德。

——《自觉实践“三个代表”要求，切实加强从政道德建设》，张德江2002年2月8日在中共浙江省纪委第九次全会上讲话

10—474 领导干部抓问题十个切入点

一、要在调查研究中发现问题；
二、要注意发现不被人们重视的问题；
三、要全力以赴抓关节点问题；

四、要善于抓发展变化中的新问题；

五、要善于从小问题中发现不寻常的大问题；

六、要善于通过现象抓本质问题；

七、要在事物对比中抓急需解决的问题；

八、要站在全局高度抓带有普遍意义的问题；

九、要在分析事物中挖掘问题；

十、要分清各类矛盾抓住主要问题。

注：问题就是事物的矛盾，一切事物都是在矛盾运动中前进的。公安领导干部要驾驭社会治安全局，化被动为主动，就要勇于揭露矛盾，全力解决矛盾，而解决矛盾的第一步就是要善于抓住问题。能否抓住问题、抓准问题，是衡量领导水平的试金石。

10—475　公安领导干部要慎重对待“十个子”

一、“脑子”不能糊涂；

二、“案子”不失公正；

三、“身子”不要娇贵；

四、“票子”不许眼红；

五、“车子”不超标准；

六、“房子”不越规定；

七、“女子”不宜过近；

八、“盘子”不搞奢侈；

九、“妻子”不参政事；

十、“儿子”不得放纵。

10—476　第四次警务革命中的十大改革

一、从人、财、物的巨增长转向“无增长改善论”；

二、从追求“机器人”模式转向追求“传统的更夫”模式；

三、从单一被动警务转向重视主动提前警务；

四、从单一巡逻与刑侦模式转向社区警务模式；

五、从以警察为主体到以社会为主体；

六、从单纯重视犯罪率与破案率到多种指标综合评估；

七、缩小中央集权与地区自治的差距；

八、从单一的警察行动向地区与州际警察行动发展；

九、缩小军事化警察与平民警察的差距；

十、国家警察与私人警察共同发展。

10—477　公安机关人民警察职业道德“十条规范”

一、忠诚可靠：听党指挥，热爱人民，忠于法律；

二、秉公执法：事实为据，秉持公正，惩恶扬善；

三、英勇善战：坚忍不拔，机智果断，崇尚荣誉；

四、热诚服务：情系民生，服务社会，热情周到；

五、文明理性：理性平和，文明礼貌，诚信友善；

六、严守纪律：遵章守纪，保守秘密，令行禁止；

七、爱岗敬业：恪尽职守，勤学善思，精益求精；

八、甘于奉献：任劳任怨，顾全大局，献身使命；

九、清正廉洁：艰苦朴素，情趣健康，克己奉公；

十、团结协作：精诚合作，勇于担当，积极向上。

——公安部《公安机关人民警察职业道德规范》2011年35号

10—478 廉政十法

一、以德养廉；

二、法制保廉；

三、教育生廉；

四、监督束廉；

五、民主促廉；

六、激励倡廉；

七、惩腐护廉；

八、勤俭守廉；

九、典型导廉；

十、家庭助廉。

10—479 党内监督十项制度

一、集体领导和分工负责制度；

二、重要情况通报和报告制度；

三、述职述廉制度；

四、民主生活会制度；

五、信访处理制度；

六、巡视制度；

七、谈话和诫勉制度；

八、舆论监督制度；

九、询问和质询制度；

十、罢免或撤换要求及处理制度。

——《中国共产党党内监督条例（试行）》，中共党史出版社2004年版

10—480　十恶不赦

“十恶”，最初是佛教中的一个用语，指十种当招致地狱、饿鬼和畜生这“三恶道”苦报的恶业，故又称“十恶业道”。“十恶”作为古代刑法中的罪名，始见于1300年前的北齐法律。隋、唐把这十条大罪的内容略加增删，正式定名为“十恶”写在法典的最前面，以示严重。以后经历宋、元、明、清各代，都规定犯了“十恶”罪不能赦免。“十恶”是指谋反、谋大逆、谋叛、谋恶逆、不道、大不敬、不孝、不睦、不义、内乱。

10—481　不予行政处罚的十种情形

一、已过追究时效的：违反治安管理行为六个月内未被公安机关发现，其它行为二年内没有被发现的，不予处罚；

二、未成年人：不满十四周岁的人有违法行为的，不予处罚；

三、精神病人：在不能辨认或者不能控制自己行为时有违法行为的，不予处罚；

四、盲聋哑人：违反治安管理的可以从轻、减轻或不予处罚；

五、预备行为：行为人为实施违反治安管理行为准备工具、创造条件的，不予处罚；

六、中止行为：行为人自动放弃实施违反治安管理行为或者自动有效地防止结果发生，没有造成损害的，不予处罚；

七、未得逞行为：行为人正着手实施违反治安管理行为，由于本人意志之外的原因而未得逞的，应当从轻、减轻或者不予处罚；

八、悔改或者被胁迫、诱骗行为：应当视情从轻、减轻或者不予处罚；

九、轻微违法行为：违法行为轻微并及时纠正，没有造成危害后果的，不予处罚；

十、主动登记或者治疗的吸毒行为不予处罚。

——《治安管理处罚法实务指南》，中国人民公安大学出版社2005年版

10—482　中国历史上十大冤杀案件

一、范雎进谗杀白起；

二、夫差赐杀伍子胥；

三、吕后诱杀韩信；

四、汉景帝冤杀晁错；

五、司马昭杀邓艾；

六、宋文帝杀檀道济；

七、杨广杀高颖；

八、唐庄宗杀郭崇韬；

九、宋高宗杀岳飞；

十、崇祯杀袁崇焕。

10—483　激情犯罪十种人

一、性格粗暴，自控能力差的人；

二、缺少理智，江湖义气重的人；

三、自由散漫，思想不健康的人；

四、心胸狭窄，内心孤独感强的人；

五、爱财如命，宁死不吃亏的人；

六、自尊性强，表现欲强的人；

七、屡教不改，破罐子破摔的人；

八、蒙受冤屈，心理承受能力差的人；

九、遇有变故，一时难以解脱的人；

十、个人欲望不能满足，对前途失去信心的人。

10—484　受赌博困扰的十种表现

一、你花在赌博上的时间是否经常超出你原先计划的时限；

二、你是否经常赌至身无分文；

三、赌博的困扰是否令你失眠；

四、你是否把收入或储蓄输掉，令日常支出或欠账未能如期支付；

五、你是否试过以不同方法戒赌而未能成功；

六、你是否参与或打算参与非法活动筹集资本；

七、你是否举债筹集赌本；

八、你是否因输钱而感到沮丧或出现自杀念头；

九、你是否因赌博而感到内疚；

十、你是否想过博彩来舒缓自己的经济压力。

注：专家认为，若你对以上十条中的任何一条答“是”，即可能已被赌博问题困扰，宜向专业人士求助。

10—485　易激发犯罪的十类生理异常

一、遗传性疾病：如遗传性癫痫易引发暴力和性犯罪；

二、脑电图异常：易冲动暴发而引发犯罪；

三、精神发育不全：判断力、理解力和自主性差，易冲动、兴奋、受暗示而引发犯罪；

四、内分泌异常：易导致性激素异常、性亢奋和精神上的变态而引发犯罪；

五、物质代谢异常：如缺钾爱动肝火，缺糖会使人兴奋，增强攻击性而引发犯罪；

六、脑损伤：如脑炎后遗症会产生性格变化，冲动性增强而引发犯罪；

七、性染色体异常：如性染色体异常男子，表现智力低下，情绪易变冲动、幼稚，易引发暴力犯罪；

八、精神障碍：如精神分裂症患者、躁狂症患者易诱发犯罪；

九、酒精中毒：表现为认知能力下降或丧失，兴奋、健忘，易引发交通事故、打斗伤人及性犯罪；

十、药物依赖：如对麻醉、兴奋剂成瘾或依赖，易引发犯罪。

10—486　犹太教十条诫命

一、不许拜别神；

二、不许制造和敬拜偶像；

三、不许妄称耶和华的名字；

四、须守安息日为圣日；

五、须孝父母；

六、不许杀人；

七、不许奸淫；

八、不许偷盗；

九、不许作假见证；

十、不许贪恋他人财物。

——《圣经·出埃及记》

注：十诫是犹太教的诫条。由耶和华所授，并命摩西颁布施行。

10—487 网络诈骗十大招术

一、冒充合法网站实施“购物诈骗”；

二、以“让利”等为诱惑实施网络购物诈骗；

三、QQ视频冒充亲朋好友实施诈骗；

四、以提供预测彩票中奖号码为由实施诈骗；

五、以聊天工具发布虚假中奖信息实施诈骗；

六、网络游戏交易当中实施诈骗；

七、利用虚假贷款网站虚构事实实施诈骗；

八、利用电信实施银行类诈骗；

九、以“银行”升级电子口令为名实施诈骗；

十、使用木马技术实施诈骗。

——浙江省公安厅《防范网络诈骗宣传手册》

10—488 防范网络诈骗十大对策

一、养成登陆正规网站和仔细观察域名的习惯，防止误入诈骗网络，不要见到用户名密码输入就输入，以防被骗。

二、网上购物要核对对方身份，保存好购物凭证及聊天记录，以便维权索赔，拒付定金。坚持使用支付宝之类第三方交易平台，用银行卡支付，宜使用一个专用账户，卡内不宜存放太多现金。

三、在遇到对方要求汇款等涉及财物时，一定要用电话或其它方式联系对方，或在聊天时设置一些问题以辨别对方身份，一旦确认诈骗，应在第一时间通知其它好友，以防其被骗。

四、对收到的预测、中奖、超低价商品信息保持警惕，对电话、短信、网络中相应信息有疑问，要通过正规渠道核实，不要急于转账或泄露个人信息。

五、对一些来源不明的中奖提示，不管内容多么逼真诱人，绝不轻信，也不要按照所谓的咨询电话或网页进行查证，以防步步陷入骗局之中。

六、在网络游戏中绝不交纳任何形式的交易保证金，因为这些往往是骗子们的诱饵。

七、不要相信愿意垫付部分资金等假相信息。要识别网站的真实可靠性，可利用www.apnic.net、www.ip138.com等查询域名属地网站确认网站所在地，服务器不在境内的多为假网站。

八、对利用电信实施银行卡诈骗，先确认自己是否办过对方所说的银行卡，有疑问就拨打官方网客服电话求证，千万不要拨打对方提供的号码核实，因为电话另一头是骗子团伙。

九、对以“银行”升级电子口令为名实施的诈骗，对来历不明的短信一律不信，也不要点击来历不明的链接。

十、对使用木马技术来实施诈骗，安装防病毒软件并及时更新病毒库，不要打开来历不明、文件扩展名为exe、scr或vbs的附件，也不要打开双扩展名的文件，如txe.vbs。

——浙江省公安厅《防范网络诈骗宣传手册》

10－489　看守所民警廉洁自律十不准

一、不准为在押人员通风报信；

二、不准找办案单位为在押人员说情；

三、不准使用在押人员干私活；

四、不准索取、接受在押人员家属所送钱物和宴请；

五、不准擅自安排在押人员与家属会见；

六、不准擅自提讯在押人员或为其调动监室；

七、不准委托利用在押人员亲属关系搞创收、谋私利；

八、不准向在押人员及其家属收取国家规定之外的任何费用；

九、不准擅自为在押人员传递信件、代购物品；

十、男民警不准与女性在押人员嬉笑、打逗和单独谈话。

——《公安部关于开展“严格执法、文明管理”看守所创建活动的通知》（1998年6月26日）

10—490　看守所管教工作“十必谈”

一、新入所或者监室、主管民警变更时必谈；

二、诉讼阶段变化时必谈；

三、提讯、会见或者出所辨认、庭审、就医后情绪异常时必谈；

四、在押人员之间产生矛盾或者发生冲突时必谈；

五、无人会见或者亲属长时间不与其联系时必谈；

六、受到奖励或者惩处时必谈；

七、离所探亲前后或者家庭出现变故时必谈；

八、被列为重点管控对象或者劳动岗位调换时必谈；

九、暂予监外执行、假释或者刑满释放出所时必谈；

十、主动要求谈话时必谈。

10—491　新手驾车十个致命错误

一、找档位：换档时下意识地低头查看；

二、搓盘子：转弯时，两手像粘在方向盘上，不会交替换手打方向；

三、开小差：揉眼、挠痒、摸东西、打手机；

四、目不斜视：只盯前方，不顾左右与后方，这在超车变线或转弯时特别危险；

五、转向反握方向盘：以为省力潇洒，但过弯时回轮易出事；

六、靠边行车：后车按喇叭时，靠擦边行驶；

七、换档看转速：换档爱看转速表；

八、手不离档把：一手握方向盘、一手搁档把，既伤车又危险；

九、边开边系安全带：一手扶方向、一手系安全带，用力不均，车辆易跑偏；

十、夜间不变光：喜开远光灯且遇会车不变光，雨雪天极易晃了对方眼而撞上你。

10—492　李昌钰关于破案概率的十等几率

一、现场逮获嫌犯，此为第一等几率；

二、有直接证人可以提供嫌犯的姓名和地址，此为第二等几率；

三、证人能提供嫌犯及其汽车特征、车牌号，或是银行、商店、加油站等机构的摄像机拍下的嫌犯和汽车牌照，此为第三等几率；

四、现场采集到指纹、DNA等重要证据线索，此为第四等几率；

五、现场找到脚印、烟头、汽车轮胎或其它能提供侦查方向的重要证据，此为第五等几率；

六、现场只找到微物证据，如纤维、毛发等，此为第六等几率；

七、现场只找到间接证据，如某人证明嫌犯当天在案发现场附近等，此为第七等几率；

八、只从线民处获得间接证据，大部分资料都是道听途说而来的，此为第八等几率；

九、手上只有很少资料，如死因，或者只看到一个黑影等，此为第九等几率；

十、现场找不到任何科学证据，又无人证，整个案件毫无头绪，此为第十等几率。

注：李昌钰，美国刑事侦查专家，他认为，案件几率在第一至第五等级的，警方应该可以预期破案，等级几率越高，破案难度越大。如果是第

十等几率的案件(除非嫌犯自动现身)，往往很难侦破。侦查人员到达现场后，通过对案件现场整体勘查分析，首先会确定案件的破案几率，再来安排行动。

11—493　辩护律师十一项权利

一、独立辩护权；

二、阅卷权；

三、会见通信权；

四、调查取证权；

五、司法文书获取权；

六、获得通知权；

七、提出证据权；

八、质询权；

九、辩论权；

十、控告权；

十一、拒绝权。

——《人民警察实用知识全书》，中国人民公安大学出版社1999年版

12－494　人生“十二桥”

一、知识是通向心灵的桥；

二、奋斗是通向理想的桥；

三、磨难是通向壮志的桥；

四、真诚是通向友谊的桥；

五、胆识是通向进取的桥；

六、坚韧是通向成功的桥；

七、无知是通向愚昧的桥；

八、安逸是通向衰退的桥；

九、高傲是通向失败的桥；

十、贪婪是通向毁誉的桥；

十一、私欲是通向耻辱的桥；

十二、阴谋是通向罪恶的桥。

12－495　加强公安队伍建设的十二项措施

一、在县、市公安机关领导班子、领导干部中开展“三讲教育”；

二、在全国公安机关、全体民警中开展“三项教育”；

三、深入开展创建人民满意活动；

四、加大查办案件力度，严肃处理违法违纪民警；

五、集中整顿对群众故意刁难、办事推诿拒绝、拒不执行法定职责问题；

六、通过“倒查”、暗访等方法，严格执行错案责任追究制度；

七、切实抓好领导干部责任追究制度的贯彻落实；

八、110报警服务台接受群众监督投诉；

九、完善警务公开制度，建立群众报案反馈制度，实行治安案件、交通事故处理公开裁决制度；

十、建立全国公安机关统一考录人民警察制度；

十一、实行干部竞争上岗和民警低分培训、末位调整、辞退制度；

十二、实行公安机关领导干部任职资格考试考核制度，加大干部交流轮岗工作力度。

——公安部《关于加强公安队伍建设的十二项措施》（公委发〔2002〕2号）

12—496　保持阳光心态的十二条格言

一、赞美对手，对手于是成为我的朋友， 热爱朋友，朋友于是成为我的手足；

二、用清洁与节制来珍惜身体，用智慧和知识来充实头脑；

三、不听失意者的哭泣，抱怨者的牢骚，此乃羊群中的瘟疫，不能被它感染；

四、在别人停滞不前时，要继续拼搏，在别人奋勇拼搏时 ，保持一份冷静；

五、不为昨天的成绩自吹自擂，要做的一定会比已做的更好；

六、不断改进自己的仪态和风度，展示自己独一无二的风采；

七、以真诚埋葬怀疑，用信心驱赶恐惧；

八、体察别人的情绪波动，学会宽容；

九、用笑声点缀今天，让歌声照亮黑暗，以笑容感染别人；

十、生活因为热爱而丰富多彩，生命因为信心而瑰丽明快；

十一、使生活保持平衡，无论失败绝望，还是成功快乐，一切都会过去；

十二、激情创造未来，心态营造今天，带着阳光心态，缔造阳光生活，走向阳光未来。

12—497　只转十二圈

北极有种企鹅，每当它们兴奋时，就会聚在一起跳起舞来。说是跳舞，其实就是在一起转圈。人们发现，无论企鹅高兴到什么程度，它们最多只转十二圈。动物专家研究发现，企鹅在转圈时，会给身体带来一定的负荷，而转到第十二圈时，也是身体负荷接近极限之时，如果继续转圈，就可能倒地不起，企鹅自知这个底线，在跳舞转圈时绝不会超越这个底线。它们知道，停下来是一种自我保护，今日只转十二圈，就是为了明日能继续转圈。

注：漫漫人生路，充满着各种风险和诱惑，要掂一掂自己的分量，把握好自己的极限，守住自己的底线，不要试图去突破它。一旦超越极限，突破底线，就意味着危险的来临，不是身败名裂，就是“倒地不起”。动物尚能如此，何况人乎。

12—498　戒严十二条措施

一、禁止或限制集会、游行、示威、街头讲演以及其它聚众活动;

二、禁止罢工、罢市、罢课；

三、实行新闻管制；

四、实行通讯、邮政、电信管制；

五、实行出入境管制；

六、禁止任何反对戒严活动；

七、采取交通管制措施；

八、采取宵禁措施；

九、对武器、弹药、管制刀具、易燃易爆、剧毒和放射性危险物品采取特别管理措施；

十、根据戒严需要，可以临时征用房屋、场所、设施、运输工具、工程机械等；

十一、对首脑机关、军事机关和重要军事设施、外国驻华使领馆、广播电台、电视台、国家通讯社等新闻单位及重要设施，以及机场、火车站、港口、监狱、看守所等重要单位（场所）采取警卫措施；

十二、对生活必需品生产、运输、供应价格采取特别管理措施。

——《中华人民共和国戒严法》，1996年3月1日第八届全国人民代表大会常务委员会第十八次会议通过

12—499 看守所十二大系统

一、通信指挥系统；

二、监管信息系统；

三、应急警报系统；

四、周界控制系统；

五、违禁物品检测系统；

六、监区门禁系统；

七、监控系统；

八、在押人员报告系统；

九、会见管理系统；

十、电化教育（广播）系统；

十一、民警巡视管理系统；

十二、讯问指挥系统。

12—500 罗伯特·比尔"新警察十二条原则"

一、警察应以军队为榜样，建立一支稳定的、行之有效的队伍；

二、警察必须在政府的控制之下；

三、犯罪减少证明警察的效率与效益；

四、发布犯罪统计是警察的基本工作；

五、以时间和地域科学分配警力；

六、制怒、宁静、有礼貌是警察质量的根本保障；

七、以形象赢得尊重；

八、招募、训练适当人选是有效执法之本；

九、公众安全需要每个警察挂牌服务；

十、警察首脑机关必须接近公众；

十一、当警察需先见习；

十二、公开警察内部犯罪率。

——《大伦敦警察法》（罗伯特·比尔1829年）

13—501 公安执法十三大警种

一、刑事警察；

二、治安（巡特）警察；

三、经济警察；

四、监管警察；

五、外事警察；

六、消防警察；

七、边防警察；

八、交通警察；

九、网络警察；

十、缉毒警察；

十一、铁路警察；

十二、森林警察；

十三、缉私警察。

13－502 列入整治的互联网低俗内容十三类

一、直接暴露和描写人体性部位的内容;

二、表现或隐晦表现性行为、令人产生性联想、具有挑逗性或者污辱性的内容；

三、以带有性暗示、性挑逗的语言描述性行为、性过程、性方式的内容;

四、全身或者隐私部位未着衣物，仅用肢体掩盖隐私部位的内容;

五、带有侵犯个人隐私性质的走光、偷拍、漏点等内容;

六、以庸俗和挑逗性标题影响吸引点击的内容;

七、相关部门禁止传播的色情和有伤社会风化的文字、音视频内容，包括一些电影和删节片段；

八、传播一夜情、换妻、性虐待等不正当交友信息;

九、色情动漫;

十、宣传暴力、恶意谩骂、侮辱他人等内容;

十一、非法“性药品”广告和性病治疗广告等相关内容;

十二、恶意传播侵犯他人隐私的内容；

十三、推介淫秽色情网络和网上低俗信息的链接、图片、文字等内容。

——《人民网：七部委联手整治互联网低俗之风专题（2010年）》

14—503　消除不良情绪十四法

一、自我控制；

二、自我转化；

三、自我发泄；

四、自我安慰；

五、暂时避开；

六、幽默疗法；

七、广交朋友；

八、热爱工作；

九、与书为友；

十、有氧舞蹈；

十一、善待自己；

十二、享受美食和音乐；

十三、助人为乐；

十四、借助外力。

14—504　十四K

香港黑社会帮派之一，因其创始人国民党军统特务葛肇煌曾住广州西宝华路14号而得名。

——《简明公安词典》，群众出版社1989年版

15—505　做好部属的十五条经典

一、份内工作主动去做，不要什么事都去麻烦上司；

二、不要面对任何问题都说没问题，而实际工作中却总是出问题，不

懂不是缺点，用心学习、态度端正才是做好工作之必需；

三、做事要脚踏实地，不要表面一套背后一套；

四、不要吝啬把功劳让给他人，要想自己成功，就须懂得让别人先成功；

五、不要犯同样的错误或不该犯的错误；

六、勇于承担责任，有足够的勇气去面对问题；

七、善于和他人分担工作，遇同事一筹莫展时，应助一臂之力，这既可建立良好人际关系，也会得到上司认可；

八、做事情时，不要总是讨价还价；

九、对额外任务，服从第一，如果不得不拒绝，一定要有充分的理由；

十、通常不要越过自己的上级，去反映事情；

十一、提问题时，要有自己的见解和解决方案，一同拿出来让领导考虑；

十二、注意言行举止，领导不可能喜欢吹牛皮的人，也不喜欢背后议论他人是非的人；

十三、领导遇到难题时，在自己能力范围之内的，应该主动帮助领导分担困难；

十四、要有创新的理念和行为；

十五、拥有稳定的心态，学会调整自己，保持积极的进取心。

——《广州日报》2008年12月31日

16－506 党内民主集中制十六字原则

集体领导、民主集中、个别酝酿、会议决定。

——《中国共产党章程》，2007年12月21日党的十七大通过

16—507 政治协商十六字方针

长期共存、互相监督、肝胆相照、荣辱与共。

——《中国共产党的七十年》，中共党史出版社1991年版

16—508 人生要戒十六气

一、有了成绩就傲气；
二、受点挫折就丧气；
三、得了奖励就神气；
四、听到批评就来气；
五、独断专横逞霸气；
六、话不顺耳发脾气；
七、有点能耐就骄气；
八、碰到困难就泄气；
九、受了委屈有怨气；
十、事不顺心生闷气；
十一、低三下四无骨气；
十二、点头哈腰假客气；
十三、铺张浪费摆阔气；
十四、拈轻怕重太娇气；
十五、不思进取无志气；
十六、守株待兔碰运气。

16—509 反腐倡廉十六字方针

标本兼治、综合治理、惩防并举、注重预防。

16—510 中国古代民间十六种信仰习俗

一、天象崇拜；

二、土地之神的信仰；

三、崇拜大山和敬奉五岳；

四、敬火神和祭水神；

五、图腾崇拜；

六、祖灵信仰；

七、狩猎之神信仰；

八、鄂伦春族对熊的崇拜；

九、石祖崇拜；

十、占卜习俗；

十一、城池尊神(城隍)；

十二、祭灶神、财神；

十三、祭妈祖；

十四、萨满教信仰；

十五、傣族的小乘佛教；

十六、“火色占农”的火把节。

——《中国文史百科》，浙江人民出版社1999年版

16—511 中国互联网发展十六字方针

积极发展，加强管理，趋利避害，为我所用。

——中共中央宣传部理论局《理论热点面对面》，人民出版社 2009年版

18—512 人生修养“十八个自”

一、珍惜名誉贵在自爱；

二、良好情绪贵在自制；

三、摆脱痛苦贵在自拔；

四、风流潇洒贵在自然；

五、探究事理贵在自得；

六、遭受挫折贵在自勉；

七、踏入社会贵在自立；

八、严格要求贵在自律；

九、举手投足贵在自重；

十、遵纪守法贵在自觉；

十一、实现目标贵在自信；

十二、排解愁绪贵在自遣；

十三、处变不惊贵在自若；

十四、承担失误贵在自咎；

十五、根治恶习贵在自弃；

十六、博击人生贵在自强；

十七、不足之处贵在自知；

十八、成功事业贵在自创。

18—513 禁毒工作十八字方针

预防为主、综合治理、禁种禁制禁贩禁吸并举。

——《中华人民共和国禁毒法》，2007年12月29日第十届全国人民代表大会常务委员会第三十一次会议通过

20—514　第二十次全国公安会议

2003年11月20日至22日，第二十次全国公安会议在北京召开。会议以“三个代表”重要思想为指导，在全面总结改革开放特别是近年来公安工作基本经验的基础上，对当前和今后一个时期公安工作面临的形势进行了深入分析，进一步明确了新世纪新阶段公安工作的主要任务和奋斗目标，研究了加强和改进公安工作的新思路、新举措。这次会议是在我国全面建设小康社会、加快推进社会主义现代化新的发展阶段召开的一次重要会议，在公安工作上具有里程碑意义，对我国公安事业发展产生了重要而深远的影响。

20—515　古代二十大酷刑

剥皮、腰斩、车裂、俱五刑、凌迟、缢首、烹煮、宫刑、刖刑、插针、活埋、鸩毒、棍刑、锯割、断推、灌铅、刷洗、弹琵琶、抽肠、骑木驴。

24—516　二十四字抗洪精神

万众一心、众志成城，不怕困难、顽强拼搏，坚忍不拔、敢于胜利。

——江泽民1998年9月28日《在全国抗洪抢险总结表彰大会上的讲话》

28—517　邓小平二十八字外交方针

冷静观察、稳住阵脚、沉着应付、善于藏拙、韬光养晦、决不当头、有所作为。

36—518　三十六计

一、胜战计：瞒天过海、围魏救赵、借刀杀人、以逸待劳、趁火打劫、声东击西。

二、敌战计：无中生有、暗渡陈仓、隔岸观火、笑里藏刀、李代桃僵、顺手牵羊。

三、攻战计：打草惊蛇、借尸还魂、调虎离山、欲擒故纵、抛砖引玉、擒贼擒王。

四、混战计：釜底抽薪、混水摸鱼、金蝉脱壳、关门捉贼、远交近攻、假途伐虢。

五、并战计：偷梁换柱、指桑骂槐、假痴不癫、上屋抽梯、树上开花、反客为主。

六、败战计：美人计、空城计、反间计、苦肉计、连环计、走为上。

64—519　六十四字创业精神

解放思想、实事求是，
积极探索、勇于创新，
艰苦奋斗、知难而进，
学习外国、自强不息，
谦虚谨慎、不骄不躁，
同心同德、顾全大局，
勤俭节约、清正廉洁，
励精图治、无私奉献。

——江泽民1993年3月17日在《九届全国人大一次会议上的讲话》

CONTENTS **内容检索目录**

党的建设

政治思想工作

领导科学

警务建设

廉政勤政

法制

刑事

治安

消防

网络安全

禁毒

监管

交通安全

出入境和边防

外国警学

后记 POSTSCRIPT

两年前，一个远房亲戚儿子大学毕业，听说公安招警察，要我关照一下。我说现在都是公开招录，公平竞争，“关照”不可能。离招考尚有两月，我给他做些辅导，或许能考个好成绩。后该考生以综合成绩全市第一被优先录取。家人欣喜之余又有些许惊奇，问我使了什么奇招，其实我哪来什么奇招，我不过教了他如何复习应试的方法罢了。

孩提读书时，父母忙于生计，无暇顾及孩子们的学习，只是教诲我们：好记性勿如烂笔头，会读会写才会有好成绩。于是自幼喜欢看书，喜欢记笔记，学习成绩一直很好。八十年代初，我考入解放军后勤学院，学会了速记。上课时速记下老师授课内容，课后对照教材，将笔记重新整理一遍，要点逐一列出，并用数字加以归纳。考前看看教材，翻翻笔记，重点、要点几乎烂熟于心，因而每次考试都从容不迫。学习结束，七十八名学员十五门主课仅有三人全优，而我是其中之一。

从集团军机关当参谋起，我逐渐养成了一个习惯，身边随时带上一个本子，几张卡片，平时阅读、看文件，外出开会、下基层，随时记点什么。或记疑难问题，或记千虑之一得。不是有闻必录，而是挑选鉴别，是在日常阅读中“高速摄影”捕捉的一个“镜头”，是摘自万木丛中的一束花，是从肥沃的大地里索取一把泥土。录以备考，点滴成河。把这些不成文的材料积聚起来，贮在自己的仓库里，到一定的时候，这些仓库里的材料就会调动起来，全力支持你。这给我带来了无穷的益处。

在部队工作时，我特别钦佩一些战争年代过来的老领导。他们大多文化不高，却有超强记忆力。讲话、作报告从不照本宣科。后来我发现，

“功夫在诗外”，他们的过人之处在于把要表述的思想观点，用简练的语言归纳提炼，用数字加以概括，用官兵们熟悉的语言表述，因而显得条理清晰，且极具鼓动性和感染力。八十年代中期，我随部队赴滇参加边境自卫还击作战，军委首长、独臂将军余秋里视察前线部队，听汇报时，部队长拿着稿子，“照本宣科”一个多小时，将军面露愠色，汇报完毕，一言未发，起身独臂一挥：“走！看看部队去。”次日，到我所在的部队视察，却是另一番情景：部队长手持教杆，腰板笔挺，对着沙盘侃侃而谈，令人大舒一口气。暗暗佩服其过人的语言组织能力。例如：他将敌我态势、地形地貌、兵力部署、火力配系，以三个作战方向归纳为三个“性”（老山方向的艰巨性，那拉口子的危险性，八里河东山方向的复杂性），提出了四条战役原则，简洁明快，条理清晰，在不到一个小时汇报中，首长眉头舒展，不时投来赞许目光。数月后战争结束，这位部队长被越级提任大军区司令员，后又升任中央军委委员、总参谋长，他就是傅全有上将。一位极擅长用数字提炼归纳问题的老领导。

人说“胸中有数”，有“数”者行事稳妥成功率高，无“数”者行事鲁莽失败多。孙子兵法强调“庙算”，所谓“多算胜、少算不胜”大致也是这个意思。而脍炙人口的文学诗篇，对数字的妙用亦非鲜见；“荷叶罗裙一色裁，芙蓉向脸两边开”（王昌龄）；“十里一走马、五里一扬鞭”（王维）；“龙吟虎啸一时发，万籁百泉相与秋”（李欣）。诗圣李白《长干行》一诗，妙用数字达十四处之多。可见数字里面有乾坤，数字里面有学问。

老一辈革命家更是妙用数字的典范。毛泽东关于游击战“十六字诀”（敌进我退、敌驻我扰、敌疲我打、敌退我追），指引红军在敌众我寡下连续粉碎了“国军”的四次围剿；他提出的“十大军事原则”，加速了解放战争的进程；他亲手制定的“三大纪律、八项注意”，使人民军队如虎添翼，从一个胜利走向另一个胜利。邓小平创建的“一个中心、两个基本点”，作为党的基本路线的核心，引领我们在中国特色社会主义道路上阔步前进。“二十八字”外交方针、“三个代表”重要思想、“八荣八耻”等众多经典，无不闪耀着智慧的光辉。留心一下就能发现，许多理论精髓、政策法规、方法观点、人生哲理、战略战术，用数字加以概括提炼，易记易懂，甚至出神入化；它们有的成为我党理论宝库中的璀璨明珠；有的成为我们改造主客观世界的重要指南。我们在日常工作中经常要引用这些思想、观点、政策法规等，但又有记忆是否有误，引用是否准确之虑。这本小册子，是我从多年来累积的数千张卡片中整理而成的，目的是给大家提供一些借鉴和参考。初次收录千余条，几经删压，定稿为500余条。以数字大小为序，为便于查阅，又按内容分类编排了检索目录。有些条目表明了出处，一些不常见的条目，如“狱中八条”、“乾陵三火”、“罗伯特·比尔新警察十二条原则”等作了简要注释。

本书出版过程中得到了张宏亮、章翚、严茂丰、胡立华、徐冀云、陆子宝等同志的热情帮助与支持，资深记者、中国新闻出版报社长三角采编管理中心主任吴重生先生欣然为书作序，在此一并致谢！限于精力和认知水平，粗疏、偏颇之处在所难免，诚请读者不吝赐教，以正讹误。

董晓伟

二〇一一年五月

图书在版编目（C I P）数据

一个中国警官眼里的“数字学”／董晓伟著．--杭州：浙江大学出版社，2011.9（2012.6重印）
ISBN 978-7-308-09112-1

Ⅰ．①一… Ⅱ．①董… Ⅲ．①警察－工作－中国
Ⅳ．①D631

中国版本图书馆CIP数据核字（2011）第189328号

一个中国警官眼里的“数字学”

董晓伟 著

责任编辑 葛 娟
封面设计 杭州林智广告有限公司
封面摄影 丘剑中
出版发行 浙江大学出版社
（杭州市天目山路148号 邮政编码310007）
（网址：http://www.zjupress.com）
排 版 杭州林智广告有限公司
印 刷 浙江印刷集团有限公司
开 本 710mm × 1000mm 1/16
印 张 16
字 数 238千
版 印 次 2012年4月第3版 2012年6月第4次印刷
书 号 ISBN 978-7-308-09112-1
定 价 38.00元

浙江大学出版社发行部邮购电话（0571）88925591